中経の文庫

誤解だらけの日本史

雑学総研

KADOKAWA

まえがき

日本史の学習に欠かせないものの1つに「年代」がある。学校のテストを前に、出来事に関わる年代を語呂合わせで暗記したという人も多いはずだ。その語呂合わせの定番といってもいいのが「いい国つくろう鎌倉幕府」。1192年に鎌倉幕府が開かれた、という意味で、多くの人が覚えたにちがいない。

ところが近年、これは〝誤解〟であるといわれている。幕府が開かれた年代については諸説あるが、少なくとも1192年説は、いまではもう通説・定説ではなくなった。この鎌倉幕府の一件をはじめ、歴史学や考古学などの研究・調査の成果によって、日本史の世界では新事実が次々と明らかにされ、その結果、これまでの歴史常識のなかには〝誤解〟とされるものがたくさん出てきてしまった。

本書は、そんな〝日本史の誤解〟をわかりやすく解説する1冊。ダイナミックに変わっていく歴史の面白さを堪能していただければ幸いである。

誤解だらけの日本史　目次

第2章 聖徳太子は、実在の人物ではない!? 聖人・賢人編

第3章 吉良上野介は、領民には慕われていた!?

悪党・梟雄編

第4章 細川ガラシャは、自害当時、すでに夫を嫌っていた!?

賢女・悪女編

合戦・戦争編

第5章 関ヶ原の合戦は、「天下分け目の戦い」ではない!?

第6章 大化改新は、後世に捏造されたものだった!? 事件・政変編

第7章 江戸時代、日本は鎖国をしていない!?

政治・行政編

第8章 日本最古の貨幣は、「和同開珎」ではない!?

文化・生活編

本文デザイン＝Malpu Design（佐野佳子）
本書は「中経の文庫」のために書き下ろされたものです。

第1章

真田幸村は、討ち死にしたときすでに老人だった⁉

英雄・色男編

誤解

在原業平は恋愛しか頭にないプレイボーイ

本当は……

業平は女性にうつつを抜かすだけではなく、人生の晩年になってもなお、立身出世を夢見ている男だった。

日本史には何人もの英雄・色男が登場し、後世の男性がうらやましがるほど女性にモテた男もいた。しかし、交際した女性の数が具体的にのこされているのは、おそらく平安時代の歌人・在原業平《ありわらのなりひら》（825～80）をおいてほかにはいないのではないだろうか。

業平は平城《へいぜい》天皇の皇子・阿保《あぼ》親王の5男。いわば良家のお坊ちゃんで、「名にし負はばいざ言問《こと》はむ都鳥　我が思ふ人は有りやなしやと」という有名な歌で知られるように和歌が得意だった。おまけに容姿端麗だったというから、モテないわけがない。

日本の歌物語の始まりである『伊勢物語《いせものがたり》』（10世紀前半に成立）の主人公と

目され、清和《せいわ》天皇の女御《にょうご》になった藤原高子《たかいこ》とも恋仲にあったといわれ、次のように描かれている。

「昔男」(業平)は何年も女(高子)に思いを寄せつづけていたが、あるとき、ついに女を連れて京から駆け落ちしようとした。しかし、芥川(大阪府高槻市)の川岸までくると、天候が急変し雷雨になった。そこで、昔男は女を倉の奥に隠し、自分は戸口に立って追っ手が来ないか見張っていた。ところが、その間に女は鬼にひと口で食われてしまった。女は「ああ」と声を立てたが、その声は雷鳴にかき消されてしまったという。

なんとも衝撃的な結末だが、もちろんこれは物語の話。史実は高子の兄弟が放った追っ手によって高子が奪い返されたということだ。業平はこの高子をはじめ何人もの女性と恋愛関係にあり、その数、なんと3733人といわれている。

そこでいただいた称号が「天下の色好み」「日本のドン・ファン」。ちなみに、ドン・ファンとは17世紀のスペインの伝説上のプレイボーイだ。また、

『伊勢物語』はどの話も「むかし、をとこありけり」の書き出しで始まるため、業平は「昔男」ともいわれる。

こうしたプロフィールを聞くと、業平という男は毎日、得意の和歌で女心をくすぐりながら女性をナンパしまくっている金持ちのお坊ちゃんにちがいないと思う人も多いことだろう。たしかに業平は血筋もよく、何ひとつ不自由のない暮らしをしながら、日々、好みの女性を物色しているような能天気なイメージがある。

時の権力者・藤原良房におべっかをつかった業平

ところが、素顔の業平は〝多根《たこん》の人〟だったという。

祖父の平城天皇（上皇）は藤原薬子《くすこ》らと重祚《ちょうそ》（いったん退位した天皇が再び皇位につくこと）をはかったが失敗した（薬子の変）。この一件が子孫の昇進に大きく影響し、業平は25歳のときにようやく従《じゅ》五位に叙せられるという遅い昇進となった。

それでも業平には希望があった。時の皇太子・道康《みちやす》親王の長子・惟高《これたか》親王の生母・静子《せいし》は、業平の妻の実家（紀家）から出ていた。つまり、道康親王が即位して惟高親王が皇太子になれば、業平の環境（出世街道）も一気に変わると思っていたのだ。

嘉祥《かしょう》3（850）年、仁明《にんみょう》天皇が崩御し、道康親王が即位した（文徳《もんとく》天皇）。ところが、文徳天皇が皇太子に立てたのは惟高親王ではなく、同年に誕生したばかりの第4子・惟仁《これひと》親王（のちの清和天皇）だった。惟仁親王の母・明《あきらけい》子《こ》は時の権力者・藤原良房《よしふさ》の娘であり、若き天皇・文徳は外舅《がいきゅう》・良房の権勢の前に不本意な立太子を余儀なくされたのだ。

こうして業平の希望はついえた。以後、業平はその絶望の淵から逃れようとするかのように和歌と恋愛に突き進むが、それでも栄華を追う夢は捨てきれなかった。

『伊勢物語』第97段によれば、業平は良房に梅のつくり枝（金銀などで草木の形をつくったもの）に雉《きじ》をつけ、「我がたのむ君がためにと折る花はときしもわかぬものにぞありける」という歌を添えて贈答している。

歌の直接の意味は「私が頼りにしている主人のために手折る花は、時節に関係なくいつも咲いています」だが、その意図するところは、良房の栄華がいつまでもつづくようにという〝おべっか〟であり、「私（業平）の昇進の件、よろしく」というわけだ。

貞観《じょうがん》17（875）年、良房の猶子《ゆうし》・藤原基経《もとつね》の40歳の賀を祝う席で、業平は「さくら花散りかひくもれ老いらくの来むといふなる道まがふがに」（桜花よ、盛んに散り乱れてくれ。老いがやって来るという道が散り花にまぎれてわからなくなるように）という寿歌《ほきうた》を贈っている。

このときの業平は51歳。生涯の最高位は53歳で任ぜられた右近衛中将《うこのえのちゅうじょう》。業平の寿歌には、思うようにならない昇進と迫りくる老いに対する恐れがにじみでている。

現代のプレイボーイといわれる男性のなかにも、業平と同じような心境の人がいるかもしれない。

誤解

藤原道長は太政大臣に昇進し、関白となった

本当は……

道長は絶大な権力を手にして摂政を務め、太政大臣にもなって『御堂関白記』をのこしたが、関白にはならなかった。

古代の名族、藤原氏の全盛期を築いた藤原道長《ふじわらのみちなが》（966〜1027）は平安時代中期の貴族であり、長徳《ちょうとく》元（995）年に内覧《ないらん》、右大臣の位について藤原氏の氏長者《うじのちょうじゃ》になった。内覧とは天皇への奏上や天皇からの命令などの文書を事前に見る官職であり、仕事の内容は関白の任務とほとんど同じだが、正式には関白とは別のものである。

氏長者とは氏（親族集団）の統率者であり、道長は藤原一族の頂点に立ったというわけだ。さらに、長和《ちょうわ》5（1016）年、摂政となり、翌年、太政《だいじょう》大臣の地位にまでのぼりつめた。

その後、道長は自らの権勢を誇り、「此の世をば我世とぞ思ふ望月の　欠

けたることもなしと思へば」（今宵の満月のように今の自分には不足しているものが何もないことを思うと、この世の中は自分のためにあるのだと思う）という、道長の満面の笑みが目に浮かんでくるような歌を詠んでいる。

道長はまた、『源氏物語《げんじものがたり》』の作者・紫式部《むらさきしきぶ》との色恋も指摘され、地位と財だけでなくロマンスも手にした色男でもある。この道長がのこした日記が『御堂関白記《みどうかんぱくき》』であり、その書名にもあるように後世の多くの日本人が、道長は関白にもなったと思っているようだ。

関白は前述の内覧同様、天皇より先に奏状を一覧し、天皇を補佐する重職である。藤原氏の一族の有力者たちが任命されており、道長の兄・道隆《みちたか》、道《みち》兼《かね》も、道長の子・頼通《よりみち》、教通《のりみち》も関白になっている。彼ら以上の権力を手にした道長であるから、当然、道長も関白に……と思いたくなるが、実はそれは誤解であり、道長は生涯、ついに関白になることはなかったのだ。

「御堂関白」は後世の人々の思い込みだった！

藤原頼通が父・道長の別荘を寺に改築した平等院鳳凰堂（京都府宇治市）

道長は康保《こうほう》3（966）年、藤原兼家《かねいえ》の4男として生まれた。長男であれば家督を継いで、順調に出世して氏長者になるのは不思議なことではない。しかし、上には同母兄の道隆と道兼がおり、4男が氏長者になることは通常ではまずありえない。ではなぜ、道長はそのありえないことを実現できたのだろうか。

実は、道長が成人した後に兄の道隆、道兼が相次いで亡くなり、一族の筆頭格になったが、もう1人、有力者がいた。道隆の子・

伊周《これちか》で、次の関白の有力候補になっていた。道長と伊周は仲が悪かった。しかも、伊周は内大臣で権大納言の道長より位が上であり、かつ、時の天皇・一条天皇の覚えもめでたかった。

道長にとって伊周は甥ではあるが、まさに目の上のタンコブ。しかし、一条天皇の生母が道長の姉（詮子《せんし》）だったことから形勢は逆転する。詮子が天皇にはたらきかけて道長は内覧に任命され、伊周より位が上になったのだ。

その後、右大臣になり、伊周と弟・隆家が事件（花山《かざん》天皇を射る）を起こすと、隆家を出雲権守に左遷するとともに伊周も大宰権帥《だざいごんのそち》に左遷してしまった。こうして道長はタンコブを取り除いたが、それでも関白にはなれなかった。

道長の関白就任を阻んだのは一条天皇だった。一条天皇は詮子に懇願されてしかたなく道長を内覧にはしたが、実は、かねがね自ら政治をとりしきりたいと思っていた。そのため、道長の関白の宣旨を拒みつづけたのである。

寛弘《かんこう》8（1011）年、一条天皇が崩御し、障害がなくなったかに思えたが、次の三条天皇も自分の思うままに政治を行おうとしたうえに、当初から道長とは不仲だった。2人の関係は修復することなく、かえって険悪となる一方で、三条天皇の時代にも道長は関白に任命されなかった。

長和《ちょうわ》5（1016）年、三条天皇が譲位し、道長の孫（娘・彰子《しょうし》の子）である9歳の後一条天皇が即位し、道長は外祖父となり、ようやく摂政となった。通常であれば、このあと関白となって引き続き政務を見るところだが、約1年後、摂政を長男・頼通に譲ってしまった。翌年に任命された太政大臣も2カ月で辞している。

辞職の理由については、このころの道長は天皇をもしのぐ絶大な権力を手中にし、もはや摂政や関白、太政大臣という官職や位階などに拘泥することがなかったという説がある。つまり、この世の中は自分のためにあると思った道長には、もはや不足しているものがなかったのである。

ちなみに、誤解の原因になった『御堂関白記《みどうかんぱくき》』は、元々は『御堂御日記《ごにっき》』あるいは『御堂御記《ぎょき》』などといわれ、江戸時代に『御堂関白記』と呼ばれるようになったという。「御堂」とは道長が建立した法成寺《ほうじょうじ》のことで、後世の人々が「道長ほどの権力者であれば当然関白になっていただろう」という思い込みから「御堂関白」と呼ぶようになったと考えられている。

誤解

神護寺伝来の肖像画こそ源頼朝である

本当は……

神護寺に伝わる頼朝像は彼を描いたものではないという説が有力で、近年の教科書では「伝源頼朝像」と表記されている。

日本史の教科書にはたくさんの肖像画が掲載されている。それらを眺めては、○○という人は「こんな顔をしていたのか」などと想像した人も多いと思う。また、教科書の記述は忘れてしまったが、肖像画だけは覚えているという人もいるのではないだろうか。

それくらい、肖像画のインパクトは強烈だ。それだけに、肖像画の人物が実は別人のものだったとしたら……。これまでに頭に刷り込んできた知識は誤解だったことになる。そんなおそろしいことが、いま現実になっている。

その象徴的な肖像画がこれまで源頼朝《みなもとのよりとも》（1147～99）の肖像画と紹介されてきた京都・神護寺《じんごじ》伝来の国宝「源頼朝像」だ。

この肖像画は平安時代後期の宮廷画師・藤原隆信《たかのぶ》が描いたと伝えられ、冠をかぶって正装した頼朝の姿は、武家の棟梁・鎌倉幕府初代将軍にふさわしく、端正で威厳に満ちている。

かつては源頼朝を描いたと考えられていた肖像画（国立国会図書館所蔵『日本肖像画図録』より）

神護寺に伝わる『神護寺略記』の「仙洞院《せんとういん》」の条には、次のように記されている。

「一、仙洞院　奉安置　後白（河）院法皇御影一鋪　又内大臣重盛卿、右大将頼朝卿、参議右兵衛光能卿、左衛門佐業房朝臣影等在之、右京権大夫隆信朝臣一筆奉図之者也」

これによると、後白河法皇、平重盛《たいらのしげもり》、源頼朝、藤原光能《ふじわらのみつよし》、平業房《なりふさ》の5人の肖像画があったことになるが、このうち、後白河法皇と業房の肖像画は失われ、のこっているもののうちの1つが頼朝像というわけである。

ところが、この頼朝像には古くから疑問が呈されていた。その疑問とは、画風が当時のものと異なり、後世に製作されたものではないか、というもの。また、冠のつけ方も人物が敷いている畳の縁のデザインも鎌倉時代中期以降のもので、伝えられる時代より新しいという。

そこで、近年、教科書や歴史書などでは、この肖像画を「源頼朝像」ではなく、「伝源頼朝像」あるいは「源頼朝と伝えられる肖像画」というように表記するようになったのである。

「伝源頼朝」像のモデルは足利直義だった!

では、この肖像画の人物は誰なのか？　その謎を解く説を発表したのが、美術史家で東京国立文化財研究所の米倉迪夫《みちお》氏だ。平成7(1995)年、米倉氏は『源頼朝像』(平凡社)を出版。その著書のなかで頼朝像と伝えられている肖像画のモデルは頼朝ではなく、足利尊氏《あしかがたかうじ》の弟・直義《ただよし》であると説いた。直義は兄の足利尊氏とともに鎌倉幕府を滅ぼし、室町幕府の創設に活躍した実力者だ。

米倉氏によると、神護寺伝来の源頼朝像・平重盛像・藤原光能像はどれも伝えられる人物を描いたものではなく、頼朝像は足利直義、重盛像は足利尊氏、光能像は足利義詮《よしあきら》の肖像画だという。

また、米倉氏の研究に協力してきた歴史学者の黒田日出男氏も平成24(2012)年に『国宝神護寺三像とは何か』(角川選書)を出版。尊氏の像は尊氏と八幡菩薩とのダブルイメージ、直義の像は自分と弘法大師と聖徳太子とのトリプルイメージで描かせた、と述べている。

黒田氏によると、直義は禅僧の夢窓疎石《むそうそせき》に帰依しており、夢窓から聖徳太子を範にした政治を求められた。そこで直義は、全国に寺や塔を建て、仏教の振興をはかったが、夢窓はまた、八幡大菩薩と弘法大師が互いの姿を写しあった画像を神護寺に納めた話を直義に聞かせたという。つまり、夢窓の話を聞いた直義が、政治の安定を願い、尊氏と直義が対になった肖像を神護寺に安置したというのだ。

長い間、日本人は足利直義の肖像画を源頼朝の肖像画と誤解してきた可能性が高いが、その場合、墓場の陰で苦々しく思っていたのは頼朝のほうなのか、それとも直義のほうなのだろうか。

誤解

源義経は戦の天才で美男子

本当は……

「一の谷の合戦」や「壇の浦の合戦」で源氏を勝利に導いたと伝えられる義経とは別にもう1人、美男子の義経がいた。

日本の歴史には数多くの「英雄」とよばれる人物が登場するが、そのなかでも国民的人気が高いのが源義経《みなもとのよしつね》（1159〜89）だ。「一の谷の合戦」や「壇の浦の合戦」をはじめとする源平合戦などで奇襲戦法を駆使し戦いに勝利しており、義経は「戦《いくさ》の天才」「軍事の天才」といわれる。

義経の人気の秘密はそれだけではない。平家を滅ぼした最大の功労者でありながら兄の源頼朝から冷たくされ、そのあげく追討されたことも、義経を〝悲劇の英雄〟としている。いわゆる「判官《ほうがん》びいき」によって義経人気はますます広まったわけだ。

さらに、映画やテレビドラマで描かれる義経がみな、美男の俳優によって演じられてきたことも大きな原因である。それによって、義経は美男子というイメージが定着。男性だけでなく女性ファンも数多く獲得してきた。

しかし、義経ファンには申し訳ないが、これらの義経像には誤解が含まれている。まず、戦の天才ということに関しては、大筋、まちがいはなさそうだが、有名な一の谷の合戦で見せた「鵯越《ひよどりご》えの逆落《さかお》とし」という奇襲戦法は伝えられるものとはちがったという指摘がある。逆落とし自体がなかったという説さえある。

また、「屋島の合戦」では、思わぬ失態をさらしてもいる。この合戦で義経は馬に乗って平家の兵を追いかけ、海のなかまで入った。すると、平家軍は船から熊手を伸ばし、義経の兜にひっかけ馬から落とそうとした。大将の義経は源氏の兵に守られたが、弓を海のなかに落としてしまった。

義経が鞭《むち》をつかって弓を拾おうとすると、平家軍は熊手で義経をひっかけようとした。これを陸で見守っていた源氏の武将たちは、「弓はそのまま捨てて、お引き上げなされ」と声をかけた。しかし、義経は聞かず、必死になって弓を取ろうとして、ようやく拾い上げたのである。

義経は小柄であり、弓をひく力も弱かった。そのため義経の矢は貧弱なものだった。義経は、その弓を平家の軍勢に拾われて嘲笑されることを嫌がり、必死に探したのだという。

頼朝から冷遇されたことも、義経ファンからすると義経に嫉妬した頼朝による〝いじめ〟のようにも思えるが、義経が後白河法皇の口車に乗せられ、棟梁・頼朝の統制に従わずに処罰されたことは〝身から出た錆〟とする指摘もある。また、義経は戦上手ではあったが、政治家としては無能に近かったともいわれている。

「戦の天才」と「美男子」、2人の義経がいた⁉

義経美男子説にも疑問が呈されている。美男子説の根拠の1つは『義経記《ぎけいき》』であり、そのなかで牛若（丸）こと義経は、器量も容貌も不足がなく、非常に色が白く、鉄漿《かね》黒に薄化粧して、眉を細くし、被衣《かづき》をかぶってひそんでいる姿は、松浦佐用姫《まつらさよ》や楊貴妃《ようきひ》のようだ、と記されている。

松浦佐用姫は夫が百済《くだら》に行くときに、別れを惜しんで山上で領巾《ひれ》を振り、石になったといわれる伝説の美女だ。つまり、義経は、幼いころから色白の美女のように美しかったというわけである。

しかし、『平家物語《へいけものがたり》』に記された義経の容貌はだいぶ異なる。そのなかで義経は「色が白く、背が低く、前歯が2つ出ていた」と記されている。色は白かったようだが、美男子だったとは思えない。また、『源平盛衰記《げんぺいせいすいき》』も「顔が長くて、身長は短く、色が白くて歯が出ている」と記している。

3つの文献から確実にいえそうなのは色が白いことだけ。3つの文献を参考に義経の容貌を想像すると、「色白の小男で前歯が出ていた」というのが真相のようだ。

それにもかかわらず義経美男子説が後世に伝わったのはなぜなのか？

実は、その原因は2人の義経にあるという説がある。つまり、美女のような美男子だったのは牛若（丸）と呼ばれた源義経だが、もう1人別の義経がいて、源平合戦で活躍したのは牛若ではなく別のほうの義経というわけだ。

そのもう1人の義経とは鎌倉幕府の正史である『吾妻鏡《あずまかがみ》』に登場する山本義経。山本義経は近江（滋賀県）の住人で、ここで武者修行をして戦の天才とよばれる素地を身につけたといわれる。一方の義経は美男子、もう一方の義経は戦の天才。かくして、両方のいいところを合わせてつくられたのが、後世に伝わる義経像というわけだ。

誤解

足利尊氏は天皇に弓を引いた「逆臣」

本当は……

尊氏が「逆臣」「国賊」といわれたのは、『神皇正統記』や『大日本史』などによる南朝正統論の影響が大きかったため。

日本の歴史に登場する人物のなかには、時代によってその評価が大きく異なる者がいる。室町幕府を開いた足利尊氏《あしかがたかうじ》（1305〜58）はその典型で、江戸時代には建武政権に反旗をひるがえした「逆臣」「国賊」とボロクソにいわれた。それに対して、後醍醐天皇に忠節を尽くした楠木正成《くすのきまさしげ》は、「忠臣」の代表として誉《ほ》めそやされた。

この尊氏と正成の対照的な評価のちがいを生んだ背景には、いくつかの著名な歴史書の影響がある。1つは南朝の重臣・北畠親房《きたばたけちかふさ》が著した『神皇正統記《じんのうしょうとうき》』。親房は南朝の正統性を主張し、尊氏については「さしたる大功もなくてかくやは抽賞（多くの人のなかから選んで賞すること）せらるべきとあやしみ申輩《もうすやから》もありけりとぞ」と記し、後醍醐天皇が尊氏を従《じゅ》二位に叙し、参議に任じたことを批判している。また、建武政権樹立後の行動についても「高氏（尊氏）のぞむ所達せずして、謀叛をおこすよし聞えし」と記し、はっきりと謀反であると述べている。

もう１つは水戸徳川家の徳川光圀《みつくに》が編纂した『大日本史』で、この書も後醍醐天皇の吉野朝廷（南朝）を正統とし、正成を南朝の忠臣と記している。さらに、有名な軍記物『太平記《たいへいき》』でも南朝方の正成や新田義貞《にったよしさだ》は悲劇の英雄として、尊氏は後醍醐天皇に反旗をひるがえして北朝を盛り立てた人物として描かれている。これらの歴史書や軍記物によって南朝の正統性が語られ、それによって正成は忠臣となり、尊氏は逆臣となったのだ。

その後も歴史家・頼山陽《らいさんよう》が著した『日本外史《にほんがいし》』などでも南朝の正統性が述べられ、幕末の尊王攘夷運動に大きな影響を与えた。文久《ぶんきゅう》３（１８６３）年には伊予国松山（愛媛県松山市）藩の藩士・三輪田綱一郎《みわたつないちろう》らが足利家の菩提寺である京都・等持院《とうじいん》に乱入し、足利尊氏・義詮・義満ら３将軍の木像の首を奪って三条河原にさらす事件が起きている。綱一郎らは尊王攘夷派の浪士であり、3将軍を「逆賊の首魁《しゅかい》」とみなしたのである。

明治時代になると、国定教科書「尋常小学日本歴史」の記述が南北朝併立《へいりつ》であることが問題となり（南北朝正閏《せいじゅん》問題）、政府は教科書の使用を禁止。その後の歴史教育では南朝を正統とし、「南朝」は「吉野の朝廷」と改められ、尊氏は「賊軍の首魁」と教えられるようになった。

こうして尊氏は、何世紀にもわたって誤解されつづけたが、第二次世界大戦後の歴史教育の変化によって、ようやく誤解が解け、逆臣から一気に英雄として見られるようになった。

昭和30年代には吉川英治の歴史小説『私本太平記』が世に出て、尊氏が寛大で正直者の人間味あふれる人物として描かれると、尊氏の人気はますます高まり、ＮＨＫの大河ドラマ「太平記」の主人公として登場するまでになったのである。

誤解

有名な騎馬武者像の人物こそ足利尊氏である

本当は……

京都国立博物館にあるざんばら髪の騎馬武者像は尊氏を描いたものではなく、高師直を描いたという説が現在は有力である。

かつての日本史の教科書には「源頼朝像」とともに、おなじみの肖像画が掲載されていた。京都国立博物館所蔵の「足利尊氏像」で、ざんばら髪の尊氏が馬にまたがる、勇ましい姿を描いたものだ。重要文化財の有名な作品で、多くの人が記憶にあるのではないだろうか。

ところが、近年、この肖像画の人物を尊氏としていたことがどうやら誤解であったことが有力になっている。言い換えれば、この肖像画の人物は別人ということだ。

疑惑の根拠はいくつかある。まず、その1は、この肖像画の天の部分（人物の頭上）に室町幕府2代将軍・足利義詮《あしかがよしあきら》の花押《かおう》（一種のサイン）があること。

義詮は尊氏の子であり、義詮にとって尊氏は父でもあり、前の将軍でもある。そんな畏怖すべき人物の頭上に花押を押すことは考えられないというのだ。

根拠のその2は、肖像に描かれた四方手《しおて》（馬具の留め金部分）と目貫《めぬき》（太刀の柄の部分）についている家紋が、尊氏が用いていた家紋と異なること。

騎馬武者像（京都国立博物館所蔵）

　尊氏の足利家の家紋は有名な「縦二引両《たてにひきりょう》紋《もん》」だが、肖像画に描かれた家紋は「輪違《わちがい》紋《もん》」。武士にとって家紋は大切なもの、まして将軍家の家紋を描きまちがえるなどということはありえないというわけだ。

根拠のその3は、肖像画の人物が乗っている馬が、尊氏の愛馬とはちがうこと。尊氏が愛用していた馬は栗毛であったが、肖像画に描かれた馬は黒馬である。武士にとって馬もまた家紋同様に大切なものであり、まして将軍の愛馬をまちがえることはありえないというのである。

では、肖像画の人物は誰なのか？　現在、有力とされているのは尊氏の部将・高師直《こうのもろなお》説である。師直は軍事指揮官として才能を発揮、室町幕府の創設に貢献して、尊氏の執事となった人物で、高家の家紋は輪違紋だ。他にも、師直の嫡子・師詮《もろあきら》説や師直の猶子《ゆうし》・師冬《もろふゆ》説なども唱えられている。

いずれにしても、現在の教科書にはこの肖像画は掲載されていないか、掲載されている場合でも「足利尊氏像」ではなく「騎馬武者像」とされていることが多い。多くの日本人があの騎馬武者像で尊氏の容貌を想像してきただけに、いまさらちがうといわれても戸惑うばかりだろう。今後、映画やテレビで尊氏のドラマをつくるにあたっても影響があるにちがいない。

誤解

楠木正成はヤクザ者のような「悪党」

本当は……

正成の時代の「悪党」とは、荘園領主に対抗する地頭や、非御家人の新興の武士たちのことであった。

楠木正成《くすのきまさしげ》（1294〜1336）は後醍醐天皇に忠節を尽くした「忠臣」であり、南朝のために戦い散っていった悲劇の英雄でもある。正成は〝ゲリラ戦〟を得意とした戦略家であり、有名な千早《ちはや》籠城戦（大阪府千早赤阪村）では、幕府方の大軍を相手に大石を投げたり大木を落としたりして応戦した。

鎌倉幕府が滅亡したあとも、後醍醐天皇の正成に対する信任は厚く、建武の新政権では正成を河内・和泉両国（大阪府）守護などに任じたほか、記録所・恩賞方・雑訴《ざっそ》決断所にも参画させている。つまり、正成は新政権で天皇の側近になったのだ。

後醍醐天皇が天皇中心の王朝政治をめざし、公家や寺社を偏重したため、足利尊氏が反旗をひるがえす。すると、新政権に不満を抱いていた諸国の武士らが尊氏のもとへと馳せ参じたが、正成は後醍醐天皇側にのこり尊氏の軍勢と戦い、討ち死にした（湊川《みなとがわ》の戦い）。この史実から尊氏は「逆臣」として非難され、正成は忠臣として称賛されたのである。

その正成は後醍醐につかえる前は、河内を本拠とし「悪党」と呼ばれていたという。そこで、正成を河内のいわゆる〝ヤクザ者〟〝ゴロツキ〟出身のように思っている人がいる。つまり、悪党の正成は後醍醐天皇に召し抱えられたことから改心して、ヤクザ稼業から足を洗い、その後は天皇のために命をささげてはたらいたというわけだ。

しかし、それは誤解である。当時の悪党は現代でいう悪党とはかなり意味が異なり、ヤクザ者やゴロツキのことではない。荘園領主に対抗する地頭や非御家人の新興の武士たちのことであり、年貢の納入を拒んだり荘園内の秩序に従わなかったりした。

13世紀末、播磨国（兵庫県）の大部荘《おおべしょう》で武装した数百人の悪党が数千人の人夫をひきいて荘内に押し入り、年貢米や牛馬などを奪略するという事件が起きた。この一味に「河内の入道」という者が参加しており、正成の一族あるいは正成の父親かとも推測されている。忠義顔をして家の主人や組織の長を裏切る人が多いなか、悪党といわれながら後醍醐天皇の恩に報いた正成は、日本史の英雄の1人といっていいだろう。

誤解

武田信玄は丸顔で恰幅がよかった

本当は……

信玄の肖像画として伝わる高野山成慶院の信玄像には疑問が呈され、実は丸顔ではなかったという説が有力である。

戦国時代をいろどった数多くの戦国武将のなかでも、知名度で群を抜いているのが「甲斐（山梨県）の虎」といわれた武田信玄《たけだしんげん》（1521〜73）だ。宿敵・越後（新潟県）の上杉謙信《うえすぎけんしん》との「川中島の合戦」をはじめ、多くの戦で「常勝軍団」の名を天下にとどろかせた甲斐の名将である。

その信玄の容貌を伝える有名な肖像画が、高野山成慶院《せいけいいん》の武田信玄像（成慶院本）だ。安土桃山時代の巨匠・長谷川等伯《とうはく》（信春）の筆による作品で、元亀《げんき》3（1572）年、京をめざした信玄が記念に描かせた画像といわれる。

ダルマのような恰幅のよい体型と坊主頭の風貌は、諸国の戦国武将から恐れられた武田騎馬軍団の総帥にふさわしく、見るからに威厳がある。しかし、近年、この肖像画には疑問符がつけられている。ストレートにいえば、この肖像画の人物は信玄ではないということだ。

その根拠は、この肖像画に描かれた人物の頭髪にある。肖像画の人物は少ない髪を後ろに回して髻《もとどり》を結っているが、信玄は39歳で出家しているはずなのだ。つまり、この肖像画が信玄を描いたものであれば、髻を結っていることから出家前の信玄像ということになるわけだ。

ところが、肖像画の人物はどう見ても39歳以下には見えない。要するに、もっと年上に見えるのだ。また、当時の史料から判断して、等伯と信玄が出会う機会はなかったという。さらに、肖像画には武田氏の家紋である「剣花菱《けんはなびし》」がなく、代わりに「丸《まる》に二引両紋《にひきりょうもん》」が描かれている。この家紋は足利将軍家やその縁戚である細川・今川・畠山《はたけやま》・吉良家などの家紋であり、戦国武将が肖像画のような後世にのこすものに、他家の家紋を描かせることはないという。

そこで、近年、この肖像画に描かれた人物は能登の守護大名・畠山義続《よしつぐ》であるという説が有力になっている。義続であれば家紋の件も納得がいき、能登の守護大名であれば等伯との接点も考えられる。

では、本物の信玄はどんな顔をしていたのだろうか？　その答えになりそうなのが、高野山・持妙院《じみょういん》所蔵の信玄像だ。こちらの信玄像は折烏帽子《おりえぼし》をかぶり、直垂《ひたたれ》を着ており、成慶院の肖像画の人物よりずっと若く、30歳くらいにしか見えない。頬ひげはなく、口ひげも薄い。直垂には剣花菱の紋が入り、説得力もある。

信玄は謙信と対で語られることが多く、容貌についても謙信の颯爽《さっそう》とした美男子のイメージに対して、威厳に満ちた堂々たる体軀のイメージがある。しかし、信玄の実像が伝えられるものとちがうとなると、もしかして謙信の実像も……と勘ぐりたくなる人もいるのではないだろうか。

誤解

武田信玄の死後、3年間喪が秘された

本当は……

信玄の死は北条氏政や上杉謙信、織田信長、徳川家康などの戦国大名に知られ、喪を秘すことはできなかった。

武田信玄は天正《てんしょう》元（1573）年4月10日に53歳で亡くなった。死に場所は信濃国伊那の駒場《こまんば》（長野県下伊那郡）という地である。名将信玄は死の間際まで領国経営のことを考え、自分が死んだことが広まれば他の戦国大名らが領地に侵攻してくることを案じた。そこで信玄は死に臨み、子の勝頼《かつより》に「3年間、喪を秘せ」と遺言したという。

勝頼は遺言にしたがい、自分が当主としてふるまい、信玄は隠居扱いにした。そして、3年後、ようやく信玄の死を公表し、菩提寺の恵林寺《えりんじ》で葬儀を行った。その間に信玄の死がバレそうになったこともあった。小田原城主・北条氏政《ほうじょううじまさ》が「信玄が死亡した」という噂を聞きつけ、勝頼のもとへ使者を送ってきたのだ。しかし、勝頼は信玄の弟・信廉《のぶかど》を影武者に立て、ピンチを乗り切ったという。

こうして武田氏は信玄の死後も、信玄の存在をちらつかせることで3年の間、他国からの攻撃を避けることができたと伝えられているが、実は信玄の死はとっくにバレていたのだ。

北条氏政からの使者が訪れたとき、武田側では影武者をつかってまんまとダマしたと思っていたが、帰国した使者は、信玄の死を主君・氏政に報告していた。氏政がすぐに上杉謙信のもとに通報すると、謙信はその報《しら》せを食事中に受けた。謙信は箸を投げ捨て、「惜しい人を亡くしたものよ」とつぶやき涙を落としたという。

当時、台頭著しかった織田信長も信玄の死を知っており、同年9月7日付けの毛利輝元《もうりてるもと》などへの書状のなかで、信玄の死を喜んでいたという。目の上のタンコブのような難敵の死は、信長にとって願ってもないことだったのだろう。また、徳川家康も訃報を聞いて哀悼の意を述べたといわれている。

結局、ダマしたつもりになっていたのは武田側だけで、周囲の戦国大名は情報を入手していたというわけである。知っていながらダマされたそぶりをしていた氏政、謙信、信長、家康などのほうが勝頼より一枚も二枚も役者が上だったのだ。

誤解

上杉謙信は生涯、女性を好きにならなかった

本当は……

謙信にはかつて恋心を抱いた女性がいたが、敵国の人質だったために思いを断ち切り、以来、不犯を通しつづけた。

武田信玄と並び称される戦国時代の名将・上杉謙信《うえすぎけんしん》（1530～78）は兵略の天才であり、「軍神」といわれた。謙信も信玄に負けず劣らず人気があるが、その理由の1つは死を恐れない勇将ぶりにある。北条氏の小田原城を攻めたさいのことだ。上杉軍が小田原の蓮池の端に馬を置き、弁当を食べ、茶を飲んでいると、敵が鉄砲を撃ってきた。弾は謙信の袖鎧をかすめたが、謙信はまったく騒ぐことがなく、悠々と茶を飲みつづけたという。

永禄《えいろく》4（1561）年の4回目の「川中島の合戦」では、上杉軍は妻女山《さいじょさん》に布陣し武田軍と10日間対峙《たいじ》したが、将兵の誰もが緊張で押しつぶされそうになるなか、謙信は日夜、山頂で弾琴《だんきん》の音を楽しんでいたと伝えられている。

謙信人気の理由の2つめは、美男子だったという容貌にある。いまでも、いわゆる〝歴女〟から人気があるが、戦国時代も多くの女性が近づいたのではないかと想像しがちだ。

ところが、謙信は生涯独身で不犯《ふぼん》を通したといわれている。そこで、謙信は女性が嫌いで、男色家だったという説さえ唱えられた。さらには、謙信は実は女性で、男装して家臣の目をごまかそうとしたが、同性の目はごまかせないと思い、女性を近づけなかったという奇抜な推理まであった。

さすがに、謙信が女性だったという説はにわかには信じられないが、生涯独身で不犯を通したという話は信憑性がありそうだ。つまり、根っから女性には関心がなかったとも考えられるのだ。

しかし、そうした見方は、実は誤解だった。謙信にはかつて片思いの女性がいたという説があるのだ。謙信が侵攻した上野国《こうずけのくに》（群馬県）の領主が人質として差し出した千葉采女《うねめ》の娘・伊勢姫である。

謙信はこの女性に思いを寄せたが、この恋に水をさしたのが上杉家の重臣だった。「敵国の女を愛してはいけません」という忠告によって、謙信は伊勢姫への恋情を断ち切り、以来、不犯を通したという。

謙信の不犯については、戦勝のために真言密教の厳しい戒律を守ったことによるともいわれているが、愛した女性のために不犯を通しつづけた謙信もまた謙信らしく、さらに人気が高まりそうだ。

誤解

織田信長は明智光秀を評価していなかった

本当は……

信長は光秀と相性こそ合わなかったが、光秀の軍事・築城・行政・外交などに関する能力は高く評価していた。

明智光秀（1526〜82）は不思議な武将である。「本能寺の変」の実行犯であり、その行為だけを見れば謀反であり、主殺《しゅうごろ》しであり、非難されるべき悪党だ。ところが、映画やテレビのドラマによっては、暴君の織田信長（1534〜82）にいじめられ、耐えに耐えたあげくに反撃に出たように描かれ、どこか同情を誘ってしまう人物でもある。

実際、かつては本能寺の変は光秀の単独犯行説が定説で、天下取りを志したという野望説と信長への怨恨説とに分かれていた。このうちの怨恨説は、酒宴の席で信長から大盃につがれた酒を飲むよう強要されたり、満座のなかで信長に頭を叩かれたりしたほか、敵に人質として差し出した実母を信長が見殺しにしたり、光秀の所領が没収されそうになったりしたことなどを根拠としてあげている。

これが史実であれば、たしかに悪いのは信長のほうであって、光秀が怒るのもあたりまえ。どうしたって光秀に同情票が集まり、謀叛も主殺しも忘れられてしまう。

しかし、これらの根拠とされる話の多くは信憑性にかけ、現在では怨恨説も野望説も否定する歴史家や研究者が多い。また、それにともない、信長が光秀につらくあたったのは信長が光秀の武将としての能力を評価していなかったという説も誤解であったといわれている。

たしかに、信長と光秀では性格がまったく異なり、将軍・足利義昭《よしあき》にもつかえていた光秀は教養人でもあった。信長は、卑賤《ひせん》な生まれといわれた羽柴秀吉とは「憎めないやつ」として相性が合っていたのにくらべ、光秀とはそりが合わなかったことは十分考えられる。

だが、合理主義者の信長は好き嫌いで部将らを評価することはなかった。

天下取りのためには、相性が合おうが合うまいが能力のある者を評価し、重用した。光秀に対しても同じだった。

その証拠に、元亀《げんき》2（1571）年、信長は比叡山焼討ちのあとに、光秀に恩賞として近江国（滋賀県）滋賀郡に所領を与えたが、これによって光秀は信長の重臣としてトップクラスに位置することになった。その後、光秀は坂本城（滋賀県大津市）を築き、城主となったが、坂本城は要衝の城であり、安土城に次ぐ「天下第二の城」といわれた。つまり、信長は自分の居城に次ぐ大事な城を光秀に預けており、それほど大きな信頼を置いていたわけである。

さらに、天正《てんしょう》7（1579）年に光秀が丹波を平定すると、翌年、信長は恩賞として丹波一国を光秀

織田信長の肖像画（国立国会図書館所蔵『先哲像伝』より）

に与えており、光秀に対する評価は重臣らのなかでも群を抜いていたのだ。
実際、光秀は軍事・築城・行政・外交など多くの分野で能力を発揮しており、野望説のいうとおり天下をねらってもおかしくない逸材だった。信長が天下取り寸前というところまで権勢を拡大することができたのも、光秀の尽力に負うところが大きかったといっても過言ではないだろう。
光秀が武芸に秀でただけの武将で信長に絶対服従していれば、信長との関係も良好だったにちがいない。ある意味で、信長は有能な家臣をもったことで、身を滅ぼすことになったのかもしれない。

誤解

豊臣秀吉は貧しい農家の生まれ

本当は……

秀吉の父親と伝えられている木下弥右衛門の実在を証明する史料は乏しく、秀吉の出自については不明なことが多い。

織田信長・豊臣秀吉（１５３７〜98）・徳川家康（１５４２〜１６１６）の３人は戦国時代から江戸時代にかけての三大英傑として知られるが、このなかでいちばん大衆の人気が高いのが秀吉である。

秀吉の生涯は『太閤記』によって広く流布《るふ》され、貧しい家庭に生まれ育った人や小・中学校までしか進学しなかった人などが大金持ちになったり偉くなったりすると「今太閤」といわれ、称賛される。「太閤」は本来、摂政や太政大臣の敬称だったが、秀吉のように関白の職を子に譲った者にもつかわれるようになり、現在では秀吉の代名詞のようになっているのだ。

秀吉の人気の秘密は、第一にその親しみやすいキャラにあるが、卑賤の身から天下人になった立身出世物語も多くの日本人の共感をよび、秀吉人気を増幅させてきた。

これまで長い間、伝えられてきた秀吉の出自は次のようなものだ。秀吉は尾張国中村（愛知県名古屋市）の農民・木下弥右衛門となか（仲、大政所）との間に生まれ、幼名は日吉丸といった。弥右衛門は織田信秀《のぶひで》（織田信長の父）

の鉄砲足軽だったが、戦《いくさ》で負傷し故郷の中村にもどって農民となっていた。7歳のときに弥右衛門が亡くなり、15歳のときに家を出た。三河国《みかわのくに》（愛知県南東部）の矢作《やはぎ》川の橋で野盗の頭領・蜂須賀《はちすか》小六《ころく》と会ったあと、遠江国《とおとおみのくに》（静岡県西部）で久野城主・松下加兵衛之綱《ゆきつな》の小者として召し抱えられ、その後、信長につかえ、めきめきと頭角をあらわすことになる。

この有名な秀吉の出自・経歴は現在では、その多くが後世に創作されたものとされ、いまでは誤解の域を出ないものばかりだという。まず、秀吉の父親・木下弥右衛門の存在自体が疑惑だらけである。木下の名字は秀吉がのちにねい（寧、北政所）と結婚したときに、ねいの母親が木下家の出身だったことから木下の名字をもらい、木下藤吉郎秀吉と名のったという。

また、鉄砲足軽という呼称にも疑問符がついている。別項で詳述しているが、日本への鉄砲伝来は天文《てんぶん》12（1543）年だ。弥右衛門は同年に鉄砲傷がもとで亡くなったという。つまり、弥右衛門は鉄砲伝来の前に、織田信秀の鉄砲足軽としてつかえていたことになり、話が合わないのだ。

皇胤説、日輪受胎説などの「秀吉神話」を広めた秀吉

ということで、弥右衛門についてはその実在さえはっきりしない存在となっているが、その原因は「秀吉神話」といわれる後世につくられた神がかり的な話のせいだという。秀吉の神話の1つは、秀吉は母なかが宮中につかえていたときに天皇の寵《ちょう》を得て、尾張に帰って出産した子であるというもの。この皇胤《こういん》説は秀吉自身が唱えたもので、天正《てんしょう》14（1586）年、太政大臣となって「豊臣」の姓を下賜《かし》されたときに流布させた。

神話のもう1つは、皇胤説に代わるもので、実は秀吉は母なかが懐に太陽が入る夢を見たあと、日吉山王権現《ひえさんのうごんげん》（日吉神社の祭神）の申し子として産んだ子であるというもの。日吉丸という幼名も日吉山王権現によるものだが、この日輪受胎《にちりんじゅたい》説は天正18（1590）年に秀吉が天下を統一したあとに、やはり秀吉自身が流布させたという。

つまり、太政大臣にまで大出世し、さらには天下を手に入れた秀吉は、自

分を神格化するために皇胤説や日輪受胎説を必要とし、そのためには本当の出自を〝抹消〟しなければならなかったのだ。その結果、後世、父親の実像について伝える史料がほとんどなく、木下弥右衛門が実在したことも証明できなくなってしまったのである。

そこで、秀吉の出自を農民ではなかったとする説も唱えられている。歴史学者の石井進氏によれば、秀吉の親類縁者に連雀《れんじゃく》商人（行商人）のような遍歴を繰り返す商人や職人が多かったことや、秀吉自身も針の行商の経験があることから、秀吉の出自を「賤民的な非農業民」と見ている。

ちなみに、少年時代の秀吉が蜂須賀小六と矢作川の橋の上で口論する話もよく知られるが、当時、矢作川には橋はかかっていなかった。また、秀吉が最初につかえたとされる松下加兵衛之綱は当時、秀吉と同い年の15歳であり、秀吉がつかえたのは之綱ではなく彼の父ではなかったかという指摘もある。

このように秀吉の前半生に関する話はどれも信憑性に欠ける。これだけ有名な人物であるのに、出自がわからないという人物もまためずらしい。

誤解

豊臣秀吉は織田信長から「猿」とよばれた

本当は……

信長は、豊臣（羽柴）秀吉のことを「禿鼠」とよんだが、実は、「猿」とよんだことを示すたしかな証拠はない。

ダーウィンの進化論によれば、人間は猿から進化したというから人間は少なからず猿に似ているのは当然だが、歴史上の有名な人物でストレートに「猿に似ていた」といわれつづけているのは豊臣秀吉くらいではないか。

秀吉のニックネームというか、あだ名の名づけ親は秀吉の主君・織田信長だといわれている、信長には「残虐」「残忍」のイメージがあるが、実はあだ名をつけるのが得意だったという説もある。たとえば、家臣の明智光秀を「キンカ頭」（金柑頭）とよんだことも広く知られている。

そこで、小柄で赤ひげ、猿眼の秀吉を見て、信長が猿というあだ名をつけたことは十分想像がつくが、実はそれを証明するたしかな証拠はないのだ。

ただ、当時、秀吉が猿とよばれていたことはまちがいないようで、信長がそれにならったことを示す史料はある。

　天正5（1577）年3月、信長は明智光秀・滝川一益《かずます》・丹羽長秀《にわながひで》・細川幽斎《ゆうさい》らの部将に書状を書き送っているが、そのなかで秀吉のことを「猿、帰り候て、夜前の様子つぶさに言上し候」と書いている。

　信長自身が秀吉につけたあだ名は「禿鼠《はげねずみ》」であり、実際、現在のこされている秀吉の肖像画の多くは、猿顔というより鼠顔だ。つまり、はっきりいって貧相なのである。

豊臣秀吉の肖像画（国立国会図書館所蔵『肖像』より）

　宣教師ルイス・フロイスも自著の『日本史』のなかで秀吉の容貌を「醜悪な容貌」「あまり見栄えのしない容貌」と記しており、秀吉自身もフロイスに対して「予は醜い顔をしており、五体も貧弱だ」と述べている。
結局、秀吉は猿とよばれてはいたが、実際には鼠に近い容貌であったのかもしれない。前述したように、「秀吉神話」によれば秀吉は日吉山王権現の申し子であり、猿が日吉山王権現の神使《しんし》（神道における神の使い）であることから、容貌よりも神話から猿とよばれるようになったのではないだろうか。

誤解

豊臣秀吉は子種がなく、秀頼は実子ではない

本当は……

秀吉には秀頼が誕生する以前、側室との間に秀勝という男子が生まれており、秀頼も淀殿との間にできた子と考えられている。

豊臣秀吉には北政所《きたのまんどころ》とよばれた正室のねい（寧）のほか、淀殿をはじめ側室がたくさんいた。そのため、秀吉は好色だったといわれるが、実はそれは誤解で、家督を継がせる子どもをつくるべく大勢の側室を求めたのだという。

しかし、そんな秀吉の必死の努力にもかかわらず、なかなか子どもは授からず、いつしか秀吉には子種がないという俗説が広まり、いまでは俗説とはいえ、それが定説のようになっている。従って、淀殿との間にできた秀頼についても、当時から周囲の者は秀吉の子とは思わず、淀殿の不倫の子と噂したという。

はたして、秀吉は本当に子どもつくることができなかったのだろうか？

実は、秀吉に子種がなかったという話も誤解であり、秀頼が誕生する前に秀吉には「秀勝《ひでかつ》」という名の実子があったという説が近年、有力になっている。この説によると、秀勝の幼名は石松丸といい、秀吉が近江国の長浜（滋賀県長浜市）城主になったころに側室との間にできた子だという。

秀吉は待望の男子誕生に大いに喜んだが、天正《てんしょう》４（１５７６）年10月に５歳で夭逝《ようせい》してしまった。

その石松丸秀勝の菩提寺と伝えられているのが長浜市内にある妙法寺《みょうほうじ》で、「本光院朝覚居子」と刻まれた供養塔には「天正四丙午暦十月十四日」と命日も彫ってあるという。この秀勝とされる本光院朝覚居子の画像もあり（現物は昭和27年に焼失したが、写真が現存する）、そこに描かれた稚児《ちご》こそが秀勝であるといわれている。

平成15（2003）年12月、長浜市教育委員会はこの妙法寺から安土桃山時代の埋葬施設が発掘されたことを発表したが、墓は四方を石で囲んだ形式であることから大名一族の墓と見られるという。つまり、新たに発掘されたこの墓が秀勝の墓である可能性が高いのだ。

また、琵琶湖の竹生島《ちくぶじま》（長浜市）にある宝厳寺《ほうごんじ》には、天正2（1574）年に秀吉が家族らとともに奉納した帳面があり、そこに「南殿」と「石松丸」の名があるという。石松丸は秀勝、南殿は秀吉の側室で、石松丸の母親といわれている。

結局、秀吉に子種がなかったというこれまでの説は誤解である可能性が高く、淀殿が生んだ秀頼も秀吉の子であったとしても、なんら不自然なことはないのである。

しかし、考えてみれば、秀頼が秀吉の子であるというのが公式発表であり、淀殿の不倫の子とする説のほうが噂話のようなもので、本来、信憑性が低いはずである。それが淀殿不倫説のほうが定説のようになってしまったのは、人間（あるいは日本人）は根っから噂話のほうに関心が高いからだろうか。

誤解

徳川家康は「大御所」になって幕政から離れた

本当は……

家康は将軍職を子の秀忠に譲り、大御所となって駿府に移ったあとも、本多正純や大久保長安らをつかって幕政を支配した。

徳川家康《とくがわいえやす》は「関ヶ原の合戦」に勝利して念願の天下人となり、慶長《けいちょう》8（1603）年には待望の征夷大将軍の宣下《せんげ》も受けた。ところが、2年後の同10（1605）年4月、家康は将軍職を突然、3男の秀忠《ひでただ》に譲ってしまった。その後、家康は「大御所《おおごしょ》」とよばれ、同12（1607）年、居城を駿府（静岡県静岡市）に移し、余生を過ごした。

大御所の本来の意味は「隠居した親王や公卿《くぎょう》の居所や将軍の父の居所」のことだったが、のちにそこに住む人の尊称となった。大御所とよばれたのは家康だけだと思っている人もいるが、それは誤解で、江戸時代には秀忠、8代将軍・吉宗、11代将軍・家斉も大御所とよばれた。

この家康から秀忠への将軍職の譲渡によって、幕政は秀忠が行うようになり、家康は幕政から手を引き、大好きな鷹狩り三昧の日々を送ったと思ったとしたら、それも誤解である。

実は将軍譲渡のあとも、幕府の実権は家康がにぎったままだったのだ。駿府城は家康の隠居地といわれたが、隠居したはずの家康はやる気十分で、その証拠に駿府に移るにあたって、駿府城の修築・拡張のために城内外を巡視し、城地を選定。また、翌年には伏見から備蓄金を駿府城へ移送させ、政治資金も十分に用意している。

さらに、隠居であれば身の回りの世話をする家臣や使用人を何人か引き連れていけば十分なはずだが、家康の場合はちがった。江戸での将軍時代から家康につかえていた有能な幕臣や政治顧問をどっさりと駿府に従えていったのである。

そのメンバーがすごい。家康の側近筆頭・本多正純《まさずみ》、〝黒衣の宰相〟金地《こんち》院崇伝《いんすうでん》、〝黒幕政治家〟南光房天海《なんこうぼうてんかい》、博識の儒学者・林羅山《はやしらざん》、金山開発の達人・大久保長安《ながやす》ほか成瀬正成《まさなり》、安藤直次《なおつぐ》、茶屋四郎次郎、後藤光次《みつつぐ》、角倉了以《すみのくらりょうい》、三浦按針《あんじん》、伊奈忠次《いなちゅうじ》など日本史好きの人ならよく知っている有名人がずらりとそろっている。

これだけの〝頭脳〟が集まれば、江戸にいなくても幕政をとりしきれるほどのメンバーであり、事実、家康は駿府で幕府の実質的な最高権力者として幕政を運営したのである。この大御所・家康時代の政治は「大御所政治」といわれている。

家康が将軍職を秀忠に譲った真意とは？

家康が駿府で隠居生活ではなく幕政を運営したとすると、江戸城にいた2代将軍・秀忠は何をしていたのか。「お父さんが隠居したあとも何もかも牛《ぎゅう》耳《じ》っているから、ボクはすることがない」と嘆いていたのでは、と推測される読者もいるかもしれない。しかし、そんなことはなかった。

江戸幕府は駿府と江戸の二元政治によって運営され、大御所・家康は駿府での全国統治を行い、将軍・秀忠は江戸で関東を中心とした幕府の基礎づくりに専心したのだ。家康にすれば、「秀忠はまだ全国を統治するには能力も威厳も不足しているから、とりあえず江戸で関東を統治させてみるか」というくらいの気持ちだったのではないだろうか。

また、万事に慎重な家康には、天下を取ったとはいうものの、まだ心配なことがあった。江戸開幕後も、大坂城には豊臣秀頼がおり、豊臣家は存続していた。そして、豊臣家やその家臣らは、家康が将軍になったとき、それは主君・秀頼が成長するまでの臨時のことで、秀頼が成長したあかつきには政権は豊臣家に返されるものと信じていたのだ。

関ヶ原の合戦で東軍に属した豊臣恩顧の大名（外様大名）のなかにも、家康には臣従したが、秀忠とは主従関係はないと思っていた者も少なくなかった。従って、家康が亡くなったあとに再び豊臣家に忠誠を誓う大名が多数現れ、徳川政権が奪われるおそれがあったのだ。

そこで家康は、豊臣家をはじめ朝廷や諸大名に「全国統治の大権は徳川家のものであり、将軍職は徳川家が代々世襲する」ことを知らしめ、豊臣方の政権回復の望みを断ち切るために、あえて自分の存命中に秀忠に将軍職を譲ったのである。

誤解

真田幸村は大坂の役で若くして討ち死にした

本当は……

幸村は、「大坂の役」で戦ったときにはすでに40代半ばの初老の武将であり、歯が抜け、髭も白かったと考えられている。

「日本一《ひのもといち》のつわもの」といわれた戦国武将・真田幸村《さなだゆきむら》の評判はかなりいい。とくに、いわゆる〝歴女〟にファンが多いという。幸村人気の秘密は、元和《げんな》元（1615）年の「大坂の役」（夏の陣）で天下の徳川家康を相手に孤軍奮闘し、家康に泡を吹かせたものの、あともう少しのところで討ち死にした、そのドラマチックな生きざまにある。

そこで、映画やテレビ、マンガなどに登場する幸村は美男子で颯爽《さっそう》としており、歴女ならずとも多くの女性を魅了するにちがいない。幸村がどんな顔をしていたか、いまとなっては誰も見たことがないのだから、美男子説を否定することはできない。しかし、大坂の役で若武者のように戦ったというのは、実は明らかな誤解である。

幸村は、永禄《えいろく》12（1569）年に真田昌幸《まさゆき》の次男として信濃国に生まれた。「幸村」という名が後世知られるようになってしまったが、本名は「信繁《のぶしげ》」という（幸村という名は、本人が生きている間につかった痕跡はないともいわれている）。

幸村が永禄12年に生まれたということは、大坂の役のときには40代半ばに達していたことになる。いまでこそ、40代半ばはまだ中年で、若々しい人も多いが、江戸時代初期の40代半ばはもう初老といってよかった。

幸村がどれだけ年老いていたかを伝えるエピソードがある。幸村は「関ヶ原の合戦」では父・昌幸とともに西軍の豊臣方に味方し、上田城に籠城して東軍の徳川秀忠の軍を撤退させた。しかし、関ヶ原の本戦で西軍が敗れたため、2人は紀伊国（和歌山県）高野山麓の九度山《くどやま》に配流され、苦しい生活を余儀なくされた。幸村は生活費が不足し、国元へ頻繁にカネを送るよう依頼していたという。

同16（1611）年に昌幸が亡くなったあとも貧窮生活は変わらず、幸村は兄の真田信幸《のぶゆき》に「借金が多くて困っているので、急ぎカネを送ってほしい」とストレートにカネを無心している。そして、姉婿に宛てた手紙のなかには幸村が自分の容姿について触れた部分があり、そこには、「歯が抜けて髭も黒いところはあまりない」と書かれていた。

こんな初老の武将が家康をきりきり舞いさせたかと思うと、それはそれで感動的であり、別の意味で、幸村はやっぱり魅力がある武将といえよう。

誤解

徳川家康は日光が好きで何度も訪れていた

本当は……

家康は死後、日光東照宮に祀られ、2代将軍・秀忠ほかが社参したが、実は、本人は1度も日光を訪れていない。

徳川家康の死後、2代将軍・秀忠をはじめ3代将軍・家光や8代将軍・吉宗などが日光を16回訪れている。これを日光社参《にっこうしゃさん》といったが、秀忠や家光は日光の紅葉を見に行ったわけではなく、家康が眠る日光東照宮《とうしょうぐう》に参詣しに行ったのである。

元和《げんな》2(1616)年4月1日、家康は死期を悟ると、枕元に側近の本多正純《まさずみ》と僧の天海《てんかい》、崇伝《すうでん》の3人をよび、こう遺言した。

「わしが死んだら、遺骸は久能山《くのうさん》に納めて神に祀り、葬礼は増上寺で行い、三河（愛知県）の大樹寺《だいじゅじ》に位牌を立てよ。そして、一周忌が過ぎたころに日光山に小さい堂を建てて、わしの霊を移せ。そうしたら、わしは関東八州の鎮守となるであろう」

家康はまるで〝終活〟でもしていたかのように、葬儀のことまで具体的に指示し、翌年4月の一周忌、遺言どおり家康の霊は日光に移された。このとき建てられたのが東照宮で、以来、家康は東照宮に神として祀られている。

それほど家康は日光への想いが強かった。当然、家康は何度も日光を訪れ、日光は家康のお気に入りの地だと思ってしまう。ところが、これは誤解であって、実は家康が生前に日光を訪れたという記録はないのだ。

ご存知の方も多いと思うが、日光というのは「二荒」の「にこう」という音へのあて字であり、もともとは「二荒《ふたら》」という地名だった。「ふたら」は「補陀落《ふだらく》」（観音の浄土という意味）の「ふたら」に通じ、二荒山（男体山《なんたいさん》）は古代から山岳信仰の霊場である。

観光客でにぎわう日光東照宮（栃木県日光市）

また、日光は江戸のほとんど真北に位置し、陰陽道によれば鬼が出入りする「鬼門」の方角にあたる。つまり、家康が自分を日光に祀れと遺言したのは、鬼門の日光にいて鬼や疫病などの諸悪から江戸を守ろうとしたのだ。

しかし、そんなに大事な日光なら1度くらいは足を運んでもよかったと思うが、それほど家康は多忙だったということであり、当時としては江戸から遠い日光にまで、なかなか足を運ぶことはできなかったのだろう。

誤解

宮本武蔵は「巌流島の決闘」にわざと遅刻した

本当は……

武蔵の死後に建立された顕彰碑にも「武蔵と小次郎は同時に会った」と刻まれており、実は、武蔵は巌流島に遅れてきたわけではない。

日本の歴史のなかで武士が活躍するようになると、各地に「剣豪」「剣の達人」が現れ、勇名を広く世の中にとどろかせた兵法者・武芸者が何人も出た。しかし、数多くいた剣豪のなかでも「剣聖」という称号が似合う兵法者・武芸者は何人もいない。

その剣聖の1人として多くの日本人に知られているのが二刀（二天）流の達人・宮本武蔵《みやもとむさし》だ。武蔵は天正10（1582）年に美作国《みまさかのくに》（岡山県）宮本村で生まれた。この年はあの「本能寺の変」があった年である。

武蔵が初めて剣術の試合をしたのは13歳のときで、相手は新当流《しんとうりゅう》の有馬喜《ありまき》兵衛《へえ》という剣術つかいだったが、武蔵が勝った。武蔵が強かったのか、相手が弱かったのかは定かではないが、とにかくこの試合が武蔵の初戦である。

その後、全国各地を歩き回り剣術修行と他流試合をするが、その数なんと六十数回。他流試合では負ければ命を落とすのがつきものだから、六十数回も戦ったということは勝ちつづけたというわけだ。つまり、武蔵は生涯負けなしの兵法者であり、まちがいなく剣聖である。

武蔵の他流試合のなかで最も有名なのが、「巌流島《がんりゅうじま》の決闘」だ。巌流島は関門海峡に浮かぶ島で、当時は「船島」とか「向島」とよばれていた。巌流島というのは後世に名づけられた名前なのだ。慶長17（１６１２）年、武蔵はこの島で宿敵・佐々木小次郎と決闘をくり広げた。

試合は武蔵から申し込んだ。他流試合を連戦連勝でこなしてきた武蔵は、すでに29歳になっていた。武蔵は勝つだけではなく、自らの剣名を高めようと考え、当時、西国中に知れわたっていた剣豪・小次郎と試合がしたくなった。小次郎は細川家の剣術指南役であり、そこで細川家に他流試合を願い出たというわけだ。

同年4月13日午前8時ころ、決闘の場である巖流島に武蔵は定刻を過ぎても現れなかった。10時ごろになってようやく、武蔵は小舟で到着した。たっぷり待たされた小次郎はイライラがピークに達しており、「遅いぞ、武蔵。臆したか！」と波打ち際まで歩み寄り、刀を抜いて鞘を海中へ放り投げた。するとと、今度は武蔵が「小次郎、敗れたり」と占い師みたいなことをいったので、「な、なにをいうか……」と、小次郎が動揺すると、武蔵はさらに「勝つ者がなぜ鞘を捨てるか」と、小次郎も思わず「なるほど」と認めたくなるようなことをいった。

遅刻をしたうえに余計なことまでいった武蔵に、小次郎はますます怒って自慢の〝物干し竿《ざお》〟といわれる長い刀で真っ向から斬りつけたが、武蔵の木刀が一瞬速く小次郎の脳天をくだき、勝負はあっけなく終わった。

武蔵の勝因は、小次郎の刀よりも長い木刀だった！

これまでの定説によれば、巖流島の決闘で武蔵が遅れて到着したのは、小

巌流島に建つ「武蔵・小次郎像」（©下関市観光政策課）

次郎をいら立たせるための作戦だったといわれている。つまり、小次郎の剣に乱れを誘うために武蔵はわざと遅れてきたというのだ。

　しかし、近年、この定説は誤解であるという説が有力である。宮本武蔵については、あれほど有名なわりに信憑性の高い史料が少なく、実は生年についても天正10年ではなく天正12年ともいわれている（没年は正保《しょうほう》2年＝1645年）。生まれた国も美作国ではなく播磨《はりま》国（兵庫県）だとする説もある。また、生涯負けなしという話も、武蔵は勝てそうな相手としか試合をしてこなかったという説もあり、実力のほどもいまひとつわからない。

そんななか、まちがいなく強い相手と戦ったといわれるのが小次郎との試合だったが、武蔵が亡くなった9年後、養子の宮本伊織《いおり》が顕彰碑（小倉碑文）を建立した。そして、そこには「両雄同時に相会し」と刻まれているというのだ。つまり、2人はきちんと定刻に会っていたのである。

また、『肥後沼田家記』という史料によると、武蔵に一撃をくらった小次郎は、その後一度蘇生した。ところが、陰に隠れていた武蔵の弟子たちが現れ、小次郎を打ち殺したのだという。

ということで、武蔵の勝因は定説でいわれてきた〝じらし戦術〟ではなく、小次郎の長い刀に対抗するために武蔵が舟の櫂《かい》を削ってつくった木刀だったという。その木刀は小次郎の刀よりさらに長かったというから、要は刀の長さの差で勝負がついたわけである。

武蔵は晩年、藩の剣術指南役の仕事を求めて、〝就活〟を行った。有名な剣豪だけにすぐに採用が決まるかと思いきや、意外にも苦戦している。尾張（愛知県）徳川家の当主・徳川義直《よしなお》は「武蔵には異相があり、性格がかたよっている」という理由で、福岡藩主・黒田忠之《ただゆき》は「人の上にたつ器量ではない」という理由で、それぞれ採用を見送っている。

誤解

佐倉惣五郎は創作された架空の人物

本当は……

当時の佐倉領公津台方村の名寄帳に惣五郎の記載があり、名主と思われる農民がいたことが明らかになっている。

時代劇にはたくさんの主人公が登場するが、なかには銭形平次《ぜにがたへいじ》のように実在しなかった人物もいる。そんな非実在の人物として長い間、思われてきた有名人の1人に義民《ぎみん》・佐倉惣五郎《さくらそうごろう》（?～1645）がいる。

惣五郎こと木内惣五郎は「宗五郎」「宗吾」とも表記されるが、義民といわれるように世のため人のために死んでいった農民として有名だが、後世に創作された架空の人物であるといまだに誤解している人がいる。

惣五郎の有名な話をおさらいしてみよう。現在の千葉県佐倉市の佐倉藩主・堀田正信《ほったまさのぶ》の時代のことである。藩主が苛酷な年貢の取り立てや諸役の増徴をし、農民が困窮するのを見て、名主《みょうしゅ》の惣五郎は藩に窮状を訴えた。しかし、取り合ってもらえなかったことから、承応《じょうおう》2（1653）年、農民を代表して江戸へ出て、4代将軍・家綱《いえつな》に越訴《おっそ》した。

この義挙によって領内の農民たちは加重された年貢・諸役を免除されたが、腹を立てた正信は惣五郎を越訴の罪で磔刑《たっけい》（はりつけ）に処した。さらに、正信は惣五郎だけでなく妻と幼い子ども4人も処刑したが、そのやり方がむごい。先に惣五郎夫婦の目の前で幼い4人の子を打ち首にしたのだ。

そのうちの3人は女子だったが、正信は領民の批判をかわすためか、3人の名を男子の名前に変えて処刑した。その後、惣五郎夫婦も処刑され、刑場には見物人による念仏がとどろいたという。なんとも残虐な処刑だが、かつてはこれも創作と思っていた人が多かった。ところが、歴史学者・児玉幸多《こだまこうた》氏の研究によって惣五郎実在説が現在では有力になっている。

児玉氏によれば、佐倉領公津台方村《こうづだいかた》（公津村ともいう）の名寄帳（土地台帳）に、惣五郎が田畑3町6反（約3万6000平米）と屋敷2カ所9畝《せ》10歩《ぶ》（280坪、約924平米）の広さの屋敷をもち、石高（持高）26石9斗3升の名請農民（年貢・諸役の負担者）だったことが記載されているという。

26石9斗3升という石高は公津台方村で2番目に高く、また2カ所の屋敷のうちの1つは村で最大規模のものだったということからも、惣五郎はこれまでの言い伝えのとおり裕福な名主と考えられるのだ。

ちなみに、惣五郎の処刑後、正信は所領を没収されて改易《かいえき》となったが、延《えん》享《きょう》3（1746）年、堀田正亮《まさすけ》が藩主となり、堀田家は返り咲いた。すると、正亮は惣五郎の百回忌を行ったほか、口ノ宮《くちのみや》神社（口ノ明神）という社を建てて惣五郎の霊をなぐさめている。

これらの行為は正亮が惣五郎の祟りを恐れたためと見られており、惣五郎実在説を裏づけるものといっていいだろう。

誤解

大石内蔵助は早くから討入りを決意していた

本当は……

内蔵助は刃傷事件のあと、御家再興のため奔走しており、討入りを決意したのは再興の望みが絶たれたあとのことだった。

「忠臣蔵」のドラマでは名場面がいくつもあるが、大石内蔵助《おおいしくらのすけ》（1659〜1703）が吉良《きら》邸討入りの直前、南部坂《なんぶざか》にある浅野内匠頭《あさのたくみのかみ》の未亡人・瑤泉院《ようぜんいん》の屋敷を訪れ、最期の別れをする「南部坂雪の別れ」もその1つだ。

瑤泉院は内蔵助が討入りの意志を伝えにきたものと思って目を輝かせて応対するが、どこから情報が洩れるかわからないので内蔵助は最後までそのことを告げずに去っていく。

伝えられる話によると、内蔵助は同志に対しても、なかなか討入りの本心を明かそうとしなかった。しかし、江戸城松之廊下での刃傷《にんじょう》事件のあと、実は早くから吉良邸討入りを決意していたというのが、忠臣蔵での定説である。早いものでは、内匠頭切腹の凶報に接したあとすぐという説もあるが、一般には赤穂城《あこうじょう》の明け渡しのときには腹が決まっていたとされる。

実際はどうだったのか、内蔵助が本心を同志に打ち明けるまでの経緯を追ってみよう。

主君・内匠頭の切腹、赤穂浅野家取り潰しの凶報が次々と赤穂に届くと、領内は大騒ぎとなった。そんななか、家老の内蔵助と大野九郎兵衛《くろべえ》は藩札を処分してから、城内に308人の家臣団を集めて今後の対応を協議した。

しかし、議論百出するだけで結論は出ない。内蔵助は黙って皆の意見を聞くだけで、口を開かない。ドラマでは、同志になりうる者を見定めていたとされる時間だ。

元禄《げんろく》14(1701)年3月下旬、内蔵助は上野介《こうずけのすけ》が生存していることを知ると、上野介の処分と主君の弟で養嗣子の浅野大学《だいがく》による御家再興を第一に考えるようになった。そこで、赤穂城受け取りのために幕府から派遣された使者に、浅野家中が納得いく措置を嘆願し、それがかなわない場合には籠城も辞さないという強硬姿勢を伝えている。

ところが、この嘆願は使者の失態で上使に届かなかった。すると、内蔵助は家臣を集め、「幕府の上使に遺恨を述べ、城の前で切腹する覚悟である」と伝え、60人余の藩士が賛同して誓紙に血判をついた。しかし、その後、内蔵助は「切腹」を口にしなくなり、4月12日、一転して城を無事に明け渡すことを表明した。

内蔵助の考えが一転したのは、その間に広島藩・浅野本家をはじめ大学や親類縁者から「ことを荒立てるな」「穏便にすませろ」と無血開城をするよう強い勧告があったからだ。内蔵助も一度は切腹を口にしたものの、関係筋に迷惑をかけるのは忍びないと思い、考えを変えたのだ。それでも、内蔵助は城を明け渡すさい、検分のために幕府から派遣された大目付・荒木十左《あらきじゅうざ》衛門《えもん》と榊原采女《うねめ》に再三にわたって大学の再挙（浅野家再興）を嘆願している。

南部坂の瑶泉院の屋敷を訪れたというのも創作!?

4月19日、赤穂城の明け渡しが済むと、旧赤穂藩士は散り散りに去っていった。しかし、京都郊外の山科郷西野山村に隠棲した内蔵助は、自分に今後のことを一任し誓紙（神文）に署名した同志らとは連絡を取り合っていた。

そんななか、上野介の屋敷が藩邸の密集する鍛冶橋《かじばし》（東京都千代田区）から郊外の本所松坂町《ほんじょまつざかちょう》（東京都墨田区）へ移ることになった。堀部安兵衛ら急進派は好機到来と考え、山科の内蔵助に討入りの覚悟を書き送った。翌5月2日、内蔵助は江戸に下って安兵衛らと密談したが、内蔵助は急進派に「さあ、さあ、どうなさる」と迫られた。

翌元禄15（1702）年2月15日から、内蔵助と同志らは有名な「山科会議」で討入りをめぐって激論を交わすが、内蔵助は依然として決断しなかった。

しかし、7月18日、大学が本家・広島藩浅野家に引き取られることが決まり、御家再興の望みが絶たれると、同月28日、内蔵助は京都で「円山《まるやま》会議」を行い、ついに討入りを決断した。

というように、内蔵助が討入りを決意したのは、赤穂藩浅野家再興の望みが絶たれたあとのことであり、内蔵助が早くから討入りを決めていたというのは誤解だったのである。

ちなみに、冒頭に述べた「南部坂雪の別れ」も、その日、内蔵助が瑶泉院の屋敷を訪れたという史実はない。忠臣蔵のドラマは史実以上に有名なだけに、どこまでが史実なのか創作なのかわかりにくい。

誤解

徳川吉宗は鷹狩りや巻狩りが趣味だった

本当は……

吉宗が鷹狩りや巻狩りをしたのは趣味によるものではなく、武芸を重んじた吉宗が、幕臣らの武芸の鍛錬を目的としたものだった。

テレビドラマ「暴れん坊将軍」でおなじみの8代将軍・徳川吉宗《とくがわよしむね》（1684〜1751）は、暴れん坊の名にふさわしく体育会系の将軍で、体も大きく身長が6尺（182センチ）以上あったといわれている。

いまでこそ、身長1メートル80センチ以上の男性というのはめずらしくないが、江戸時代の庶民（男性）の平均身長は約157センチといわれており、当時の吉宗は「大男」だった。

吉宗は文武両道に秀で、武芸はなんでもござれだったが、なかでも第一の趣味としたのが鷹狩りである。鷹狩りは飼いならした鷹を使って鳥や小動物を捕獲する狩猟の1つで、放鷹《ほうよう》、鷹野《たかの》ともいった。

江戸幕府の歴代将軍のなかでは、とくに徳川家康と吉宗が鷹狩りを好んだ。家康は亡くなる3カ月前にも鷹狩りに出たといわれている。

吉宗は家康を「神君」として崇拝していたが、鷹狩りについても神君にならい、和歌山藩主時代から趣味にしていた。将軍就任後は、あまり頻繁に出かけたことから〝鷹将軍〟とよばれるようになった。

趣味だからといって人の迷惑になってはいけないことは、いまも昔も同じである。いざ将軍が鷹狩りに行くといい出すと、家臣は勢子《せこ》（鳥獣を狩り出したり逃げたりするのを防ぐ人夫）を手配しなければならない。勢子の役を務めるのは鷹場（鷹狩りの場所）周辺の農民であり、そのほかにも多くの農民がさまざまな負担を強いられた。

吉宗の狩猟好きは鷹狩りだけは収まらず、鹿や猪などの獣を捕獲する「御《お》鹿狩《ししが》り」（小金原《こがねはら》御鹿狩り）も行った。鹿狩りは「猪狩り」とも書き、四方から囲んで獣を追い込むものは「巻狩り」とよばれた。

享保《きょうほう》10（1725）年、小金原（千葉県北西部の下総台地にあたる地域）で吉宗が行った巻狩りは、1万5000人もの勢子が動員された大規模なものだった。しかし、この巻狩りは〝予行演習〟にすぎず、〝本番〟は翌享保11（1726）年に行われた。このときには、家臣2772人、勢子16万8000人が動員されており、吉宗はビロードの目立つ羽織を着て、得意の乗馬で狩場を駆けめぐったと伝えられている。以後、庶民の間では〝小金原の鹿狩り〟

ということばは、「馬鹿騒ぎ」の意味になった。

巻狩りで、幕臣らの緩んだたがを締め直す

この吉宗の馬鹿騒ぎが批判されるのは当たり前である。吉宗といえば「享保の改革」で「倹約、倹約」といってきた将軍だ。それにもかかわらず、自分の趣味である巻狩りに大金を費やしたのでは許されるわけがない。

巻狩りの目的は害獣の駆除だったという。たしかに、当時、下総地方では鹿や猪、馬、犬などの野生動物が田畑の農作物を食い荒らし、農民に大きな被害を与えていた。それを知った吉宗が、害獣撲滅のために実施したのが巻狩りだったというのだが、当時から庶民の間では吉宗の遊興と見ていた。

ところが、近年、吉宗が鷹狩りや巻狩りを頻繁に行った動機が、趣味によるものではないという指摘が出てきている。その根拠は、吉宗が将軍就任後、最初に取り組んだのが鷹狩りの復興だったからだ。

鷹狩りは家康のあとも秀忠・家光・家綱と行われてきたが、5代将軍・

綱吉《つなよし》の時代に「生類憐《しょうるいあわれ》みの令」の関連で禁止されてしまった。それ以降、鷹狩りは長い間、行われていなかったのだ。

吉宗がそれを復興しようとしたのは、それこそ自分の趣味からではないかと思う人もいるかもしれない。しかし、当時の史料によると、吉宗は武士が長く泰平の世になれて武芸をおろそかにしていることを憂い、鷹狩りを復興しようとしたことが記されているのだ。

また、小金原で行われた巻狩りも吉宗の趣味から行われたものではなく、害虫駆除を名目にした軍事演習だったという。吉宗が家康を崇拝していたことは前述したが、その家康が崇敬していたのが鎌倉幕府を開いた源頼朝であり、頼朝は富士の裾野で大規模な巻狩りを行っていた。つまり、吉宗は家康の崇敬する頼朝にならって巻狩りという軍事演習を行い、有事に備え、緊張感を失いつつあった幕臣らの緩んだたがを締め直したのである。

近年、日本では各地で熊や猪などによる被害が問題になっている。ときどき、役人や議員総出で巻狩りをしてもいいかもしれない。

第2章

聖徳太子は、実在の人物ではない!?

聖人・賢人編

誤解

聖徳太子は推古天皇の摂政として活躍した

本当は……

推古天皇の時代に実在したのは厩戸皇子であり、聖徳太子は後世、厩戸皇子を聖人として創り上げた架空の人物だった。

日本の歴史には数多くの為政者が登場するが、「聖人」という呼称が最もふさわしいのが聖徳太子（574～622）だ。学校の授業や教科書で学んだ人も多いと思うが、太子は古代、推古天皇という女帝の摂政として政務を行い、数々の事績をのこした偉人である。

太子の肖像が旧1万円札をはじめ旧5000円札、旧1000円札など日本の紙幣に最も多く登場したように、聖徳太子は日本の偉人のなかでも特筆すべき存在であり、その聖人たるゆえんを伝える神秘的なエピソードがいくつもある。

太子は、敏達《びだつ》3（574）年に用明《ようめい》天皇の子として生まれたが、母の穴《あな》穂部間人皇后《ほべのはしひと》が厩戸《うまやど》（馬小屋の戸）の前で出産したことから厩戸皇子（「うまやと」とも、厩戸王ともいう）と名づけられた。聖徳太子とは、死後、太子の遺徳をたたえるために与えられた諡号《しごう》（おくりな）の一種であり、生存中の名前は厩戸皇子。また、太子は一度に10人の訴えを聞き分けられるほど聡明で、豊聡耳《とよとみみ》皇子ともいわれた。

太子は誕生するとすぐに口をきいて、2、3歳のときには東を向いて合掌し「南無仏」と唱えたという。14歳のときには蘇我馬子《そがのうまこ》とともに物部守屋《もののべもりや》との合戦に出陣。霊木で四天王像をつくり、それを束髪の上にのせ、兵士を奮い立たせて馬子軍の勝利を導いている。つまり、太子は聖人であると同時に、武勇にもすぐれた超人でもあったのだ。

推古《すいこ》元（593）年、叔母の推古天皇が即位すると、太子は皇太子となり、摂政として馬子とともに政務を行う。冠位十二階や憲法十七条の制定、遣隋使の派遣、法隆寺の建立など内政から外交まで、その事績は数多い。まさに聖人の名にふさわしい活躍であり、日本が世界に誇る偉大な為政者である。

聖徳太子は後世にイメージされた架空の聖人！

ところが、近年、この聖徳太子＝聖人というこれまでの定説は、大きな誤解だったことが明らかになりつつあるのだ。その証拠に近年の歴史の教科書を見ると、聖徳太子の影がどんどん薄くなっている。

かつて聖徳太子として明記されていたものが、近年は厩戸皇子（聖徳太子）、あるいは厩戸王（聖徳太子）というような表記に変わり、太子は〝表舞台〟から消えつつある。

その原因は、近年、これまでの通説を揺るがす衝撃的な学説が有力になってきたからである。その学説とは、中部大学教授・大山誠一氏が発表した「聖徳太子は実在しなかった」というもの。

大山氏は太子に関する史料を分析し、これまで定説とされてきた太子による冠位十二階や憲法十七条の制定に疑問を呈し、いずれも太子の事績でないことを証明したのだ。

順に見ていくと、まず、冠位十二階は『日本書紀』に推古11（603）年に制定されたと記されているが、そこには「聖徳太子が制定した」という意味の記述はないのだ。この時代は推古朝なのだから、推古天皇が制定したと考えることもできる。

次に、推古12（604）年に制定されたといわれる憲法十七条は、江戸時代から偽作の疑いがあったが、近年は後世につくられたとする説が有力だ。

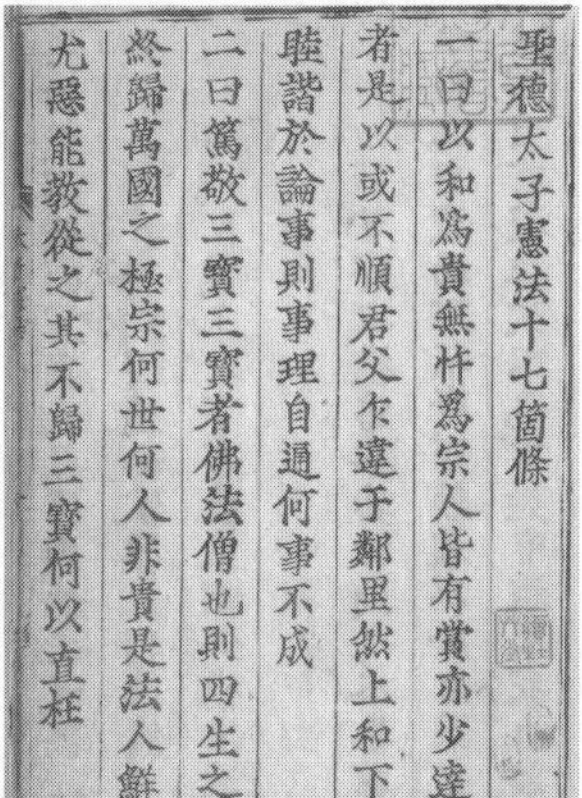
聖徳太子憲法十七箇條
一曰以和爲貴無忤爲宗人皆有黨亦少達
者是以或不順君父乍違于鄰里然上和下
睦諧於論事則事理自通何事不成
二曰篤敬三寶三寶者佛法僧也則四生之
終歸萬國之極宗何世何人非貴是法人鮮
尤惡能教從之其不歸三寶何以直枉

慶長年間に書かれた「聖徳太子憲法十七箇條」（国立国会図書館所蔵）

その根拠の1つは、条文のなかに制定当時にはつかわれていなかった「国司《くにのみこともち》」という官名があることである。

また、推古8（600）年から行われた遣隋使の派遣は太子の事績とする確証がなく、法隆寺の建立もその根拠とされてきた金堂薬師像の光背銘の銘文に、推古朝ではつかわれていなかった用語が見られるという。つまり、これまで太子の事績と伝えられてきたことは太子によるものではなく、聖徳太子という聖人は実在しなかったというのである。

では、誰がなぜ聖徳太子をつくり上げたのだろうか。大山氏によれば、太子は『日本書紀』の編纂過程のなかでつくられ、その〝創作〟にかかわったのは藤原不比等、長屋王、道慈《どうじ》の3人だという。

不比等も長屋王も当時の政界の実力者であり、2人は遣唐使からの報告によって大国・中国とのちがいを自覚した。そこで、日本にも「中国思想を踏まえた聖天子像」が必要とであると考え、中国に精通した道慈の力を借りて『日本書紀』を編纂。こうして誕生したのが聖徳太子だという。

この〝創作〟のモデルになったのが実在した厩戸皇子である。『日本書紀』の編纂以前には数多くの大王や皇子がいたが、そのなかで厩戸がモデルとされたのは、皇極《こうぎょく》2(643)年に厩戸の子・山背大兄王《やましろのおおえのおう》が蘇我入鹿に襲われたことで、厩戸の子孫が絶滅したからだ。さすがに子孫がいる人物をモデルにするのはムリがあったのだろう。その点で、子孫から異議が出ない厩戸は格好の存在だったというわけである。

誤解

小野妹子は遣隋使として活躍した女性

本当は……

推古天皇の時代に遣隋使として中国に渡った小野妹子は、れっきとした男性であり、7世紀前半の豪族であった。

古代の日本（倭《わ》）は中国（隋《ずい》）に4度にわたって遣隋使という外交使節を派遣した。1回目は推古天皇の時代の推古8（600）年。『隋書』倭国伝によると、このときの遣隋使は「倭王の姓は阿毎《あめ》、字《あざな》は多利思比孤《たりしひこ》」と答え、皇帝の前で倭王は「天を兄とし、日を弟とする」などと大きなことをいって強がってみせたが、皇帝に鼻で笑われた。

2回目は推古15（607）年に小野妹子《おののいもこ》が遣隋使として海を渡り、皇帝

（煬帝《ようだい》）に国書を渡したが、そのなかに「日出《い》づる処の天子、書を日没する処の天子に致す」という対等な関係を示す文面があり、煬帝を怒らせている。

それでも、煬帝は裴世清《はいせいせい》を返答使として倭に派遣することにし、翌年、妹子は裴世清とともに帰国。翌年、裴世清が帰国するさいに、妹子は送りがてら再び隋に入っている。

まさに、妹子は古代の外務大臣か中国大使のように活躍したが、この妹子を女性外交官と思っている人がいる。つまり、妹子は〝古代のキャリアウーマン〟だったというわけだ。

しかし、これは大きな誤解で、妹子はれっきとした男性で、生没年は不詳だが7世紀前半の豪族である。古代にはこの妹子のほかにも蘇我馬子《そがのうまこ》、中臣鎌子《なかとみのかまこ》（藤原鎌足《かまたり》）ように名前に「子」がつく男子は少なくなかったが、妹子の場合は「妹」が女性のイメージを強くしており、誤解するのもしかたないだろう。

誤解

空海は実在したが、弘法大師は架空の名僧

本当は……

空海は唐から帰国して真言宗を開いたが、空海の諡号は「弘法大師」であり、空海と弘法大師は、実は同一人物である。

日本には名僧とよばれる僧侶が何人も現れたが、平安時代の名僧の1人に空海《くうかい》（774～835）がいる。大同《だいどう》元（806）年、唐（中国）から帰国して真言宗を開いたことで知られるが、学生時代に年代と出来事を暗記するために「ハム（806）食うかい（空海）」と語呂合わせをした人も多いはずだ。

空海は幼名を真魚《まお》といい、法名にも「海」の字があるように水にまつわる伝承が多く、なかでも神泉苑《しんせんえん》（京都府京都市）で行った雨乞いの修法《しゅほう》は有名で、空海は〝治水の呪術師〟とよばれた。

この空海に負けず劣らず、不思議な能力をもっていたのが弘法大師《こうぼうだいし》で、大師は全国をめぐり歩き、あちこちで清水や井戸を見つけて困っている人たち

を救ったという。そこで、いまでも各地に「弘法清水」「弘法井戸」などとよばれる名所・旧跡がのこされている。

空海と弘法大師はともに多くの日本人からその名を知られているが、真言宗の開祖・空海は実在の名僧であるのに対して、弘法大師は各地に言い伝えられた伝説上の名僧で架空の人物だと思っている人も多いようだ。

実際、弘法大師がのこした神秘的な話、奇跡は数知れない。たとえば、諸国をめぐっていた大師が、水に困っている村に着き、杖で地を突くと清水が噴き出したという話や、大師が村人に水を求め、親切に対応した村には井戸をつくり、水を与えなかった村の井戸は干したという話などはあちこちで耳にする。

そのあまりの健脚ぶりも現実的でないことから、大師は困窮した人々が理想の名僧としてつくり上げた架空の聖人と思ってしまうのもムリはない。しかし、それは大きな誤解である。

実は、空海と弘法大師は同一人物であり、弘法大師というのは空海の諡号《しごう》

（おくりな）なのだ。弘法伝説の真相は、各地で清水や井戸が湧き出ると、治水の呪術師といわれた空海、すなわち弘法大師による奇跡として弘法伝説がつくられ、後世に伝えられたというわけである。長い間、空海と弘法大師は別人（実在の人物と架空の人物）だと信じてきた人は、まさに空海にいっぱい食わされたことになる。

誤解

菅原道真は「学問の神様」として祀られた

本当は……

道真は当初、怨霊封じのために北野天満宮に祀られたが、のちに「学問の神様」としても崇められるようになった。

受験生が日本史の登場人物のなかで絶対にその名を忘れてはいけないのが菅原道真《すがわらのみちざね》（845〜903）だ。なんといっても「学問の神様」として、最後の最後で頼りになるありがたい「天神様」であり、ゆめゆめおろそかにしてはいけないのである。

道真は学者の家に生まれ、家学である文章道《もんじょうどう》（漢詩文や歴史を学ぶ学問）をよくして、貞観《じょうがん》16（874）年に文章博士になった。政治家としてもすぐれ、宇多《うだ》天皇の信任が厚く、昌泰《しょうたい》2（899）年には右大臣にまで昇進している。

その道真を死後、天神として祀ったのが天満宮であり、太宰府天満宮（福岡県太宰府市）や湯島天満宮（湯島天神。東京都文京区）などが有名だが、その総本山は京都の北野天満宮だ。どこの天満宮も受験シーズンになると、たくさんの受験生が最後の神頼みに訪れるので、天神とは学問の神のことだと誤解している人もいる。

もちろん、いまでは道真は学神としても崇敬されているので、まちがいではないが、北野天満宮に道真が祀《まつ》られたのはけっして学問の神様としてではなかった。

寛平《かんぴょう》9（897）年、宇多天皇が皇位を敦仁《あつひと》親王（のちの醍醐《だいご》天皇）に譲ると、延喜《えんぎ》元（901）年、道真の政敵である左大臣・藤原時平《ふじわらのときひら》が醍醐天皇に対して道真に謀反のたくらみがあることを訴えたのだ。

訴えの内容は、道真が醍醐天皇を廃して、皇弟で道真の女婿にあたる斎世《ときよ》親王を擁立しようとしているというもので、道真は天皇によって大宰権帥《だざいごんのそち》（大宰府の実質的な長官）に任ぜられ、大宰府（福岡県に設けられた中国大陸に対する防衛基地）に左遷された。

道真にとって身に覚えのないことであり、延喜3（903）年、道真は左遷先の大宰府で失意のうちに世を去った。すると、同年8月、京都に大雨・雷がつづき、翌年も春から夏にかけて激しく雷が鳴り響き、都人《みやこびと》をふるえ上がらせた。

というのも、都の人々はこの大雨・雷鳴という気象の異変を、死後に怨霊と化した道真の祟りだと信じたからだ。その後、天慶《てんぎょう》5（942）年に天神・道真から神殿をつくるよう神託があり、天暦《てんりゃく》元（947）年、京都・北野に神殿を造営。天徳《てんとく》3（959）年、藤原師輔《もろすけ》が神殿を増築して神宝を奉ったのが北野天満宮のはじまりといわれる。

つまり、道真が祭神として北野天満宮に祀られたのは、当初は怨霊と化した道真を鎮《しず》める鎮魂のためだったのだ。その後、室町時代ころから学問・文学の神様としても崇敬されるようになったのである。

〝天神様〟こと菅原道真は、学問の神様として勉学の向上を支援してくれる一方で、荒ぶる神でもあった。これこそ、一生懸命勉強しているときにはやさしい顔で夜食や飲み物を運んでくれるが、少しでも怠けると鬼の形相で怒鳴る母親に似ていなくもないだろう。

誤解

毛利元就は子どもらに「三矢の訓」を伝えた

本当は……

元就が病床について死期が迫ったときには、すでに長男・隆元は他界しており、その場に並ぶことはできず、逸話は否定されている。

黒澤明監督の名作「乱」は戦国武将・一文字秀虎《いちもんじひでとら》（架空の人物）と3人の

男子との確執を描いており、そのなかに3本の矢をつかった「三矢の訓《おしえ》」の逸話を入れている。

この三矢の訓の逸話は戦国時代、「西国の雄」こと毛利《もうり》元就《もとなり》（1497～1571）に伝わるもので、死期が迫った元就は病床に3人の男子をよび寄せ、3本の矢を折らせようとして兄弟の結束がいかに大事かを教えたという。

毛利元就の肖像画（国立国会図書館所蔵『肖像集』より）

1本や2本の矢であれば折ることができるが、3本の矢が束になると折ることができないという、実にわかりやすい話で説得力がある。

そこで、戦前の国定教科書にも載せられ、多くの日本人が感動し、自分の息子たちに言い聞かせる親もいた。しかし、現在、この〝いい話〟も史実ではなく、誤解であるとされている。

三矢の訓の話が史実でないとする根拠は、現代の刑事事件の〝アリバイ〟のようなものが関係している。元就は元亀《げんき》2（1571）年に亡くなっており、その病床に3人の男子である長男・毛利隆元《たかもと》、次男・吉川元春《きっかわもとはる》、3男・小早《こばや》川隆景《かわたかかげ》が並んだことになる。

ところが、その9年前の永禄《えいろく》6（1563）年に隆元は急死しており、父・元就を見舞うことはできなかったのだ。また、元春も元就が病床についていたころは出雲（島根県）に出陣しており、駆けつけることができなかった。仮に元就が本当に病床でこの話を子どもに聞かせたとしても、聞き手は隆景しかいなかったことになる。

そもそも、そのころ、隆景はもう40歳くらいの中年に達しており、この話を載せた書物に挿絵としてよく描かれた、前髪を垂らした少年ではなかったのである。

では、このありがたい話はまったくの創作だったのかというと、そういうわけでもなかった。元就がまだ元気だった弘治《こうじ》3（1557）年、還暦を迎えたころに3人の男子に自筆の教訓状を書き与えていた。

その教訓状は14か条からなり、その第一条に「申す事ふるび候といへども、いよいよ以て、申し候。三人の半ば、少しにても、懸子《かけご》へだても候はば、ただただ三人御滅亡とおぼしめさるべく候」とある。

現代語でいえば、「いまさらいうまでもないことだが、3人の間に少しでもへだたりができれば、おまえたちの3家は滅ぶものと覚悟しろよ」というもの。元就は、3人が仲良く力を合わせていかないと毛利一族は滅んでしまうぞ、といましめたわけである。

つまり、この教訓状が三矢の訓の元ネタであり、この史実に中国のネタを加え、江戸時代に創作されたのが、有名な逸話になったのだ。しかし、兄弟仲良くすべきという教えには効果的な逸話であることにはちがいないので、史実でないとしても、3人男子をもった父親はおもちゃの矢でもつかって実際に折らせてみるのもいいかもしれない。もっとも現代の子どもたちは発育がよく、3本の矢もわけなく折ってしまうかもしれない。

誤解

安倍晴明は超能力をもった陰陽師

本当は……

晴明にまつわるいくつもの不思議な話は創作であり、彼が超能力をつかって天皇や貴族を守ったという確証はない。

平安時代の有名な陰陽師《おんみょうじ》・安倍晴明《あべのせいめい》（921～1005）を祀る晴明神社（京都府京都市）は、近年、パワースポットとして人気があり、多くの若者が参拝に訪れるという。それもそのはず、晴明を描いたドラマや漫画に登場する晴明は、若く美しい。そのうえ超能力を駆使するというのだから、若い女性に人気があるのは当然である。

史上伝えられている晴明の活躍を紹介すると、次のようなものがある。

1つめは、晴明がある邸宅で若い公家や僧侶の前で蛙《かえる》をつぶした話。あまり気持ちのいい話ではないが、行きがかり上、そうなったという。経緯を述べると、晴明はそこで公家から「式神《しきがみ》をつかって人を殺せるか」と聞かれ、

「簡単には殺せません。虫などはたやすく殺せますが、罪になる無益なことです」と答えた。それで納得してくれればよかったのだが、公家らは「庭の蛙を殺してみせてほしい」とせがんだ。それも拒めばよかったと思うのだが、なぜか晴明はやる気になってしまい、草の葉を手にして呪文をとなえた。そして、その葉を蛙に向かって放つと、葉が蛙の上に乗ったとたんに蛙はぺしゃんこにつぶれたというのだ。

公家との会話に登場した「式神」とは「しきじん」ともいい、晴明の命令にしたがう手下のこと。その姿は晴明以外の人には見えないが、鬼のような容姿をしているという。

2つめの話は藤原道長を呪詛《じゅそ》した犯人を突きとめた話。ある日、道長がいつものように法成寺《ほうじょうじ》を参拝するために門を入ろうとすると、連れてきた白犬がほえたり裾をかんだりして道長が寺に入るのを妨害した。不審に思った道長が晴明をよぶと、晴明は占いをして「境内の道に道長を呪詛したものが埋まっている」と答えた。

そこで晴明が指示した場所を掘ってみると、黄色のこよりで十文字に結ばれた土器《かわらけ》を2つを合わせたものが出てきた。晴明は「これは道摩法師《どうまほうし》がしたことかもしれません」といって懐から紙を取り出し、それを鳥の姿に結んで呪文をとなえて空に投げると、紙は白鷺《しらさぎ》に変身して南方へ飛んでいった。召使いが白鷺の後を追うと、白鷺は晴明がにらんだとおり道摩法師の家に落ちた。捕えられた法師は、道長を恨んだ藤原顕光《あきみつ》に命じられたことを告白したという。

この話はあらためて読み直すと、いちばんの手柄は晴明よりも道長のお供をした白犬のような気がしないでもないが、とにもかくにも晴明にはこんな不思議な話がいくつもあって、当時、何人もいたはずの陰陽師・陰陽家のなかでも突出して超能力があるように伝えられている。

しかし、晴明にまつわるふしぎな話の出どころは『今昔物語集《こんじゃくものがたりしゅう》』や『宇治拾遺物語《うじしゅういものがたり》』『大鏡《おおかがみ》』などであり、前の2つは歴史書ではなく説話集だ。『大鏡』は歴史物語だが、あくまでも文学作品であり、これらの書に記載されていることを史実と考えられることはできないのである。

また、晴明は出世が遅く、長く陰陽寮の学生《がくしょう》という身分であり、陰陽師として花山《かざん》天皇や藤原道長につかえるようになるのは40歳をすぎてからのことだった。

史実にのこる晴明の陰陽師としての最初のはたらきは、天徳《てんとく》4（960）年、天皇の前に出て、「節刀《せっとう》」（遣唐使として中国に渡る将軍に対して天皇が授ける重要な刀）がどんなものであるかを事細かく奏上したことである。この話から晴明の学識が深かったことは想像できるが、別に超能力をかわれたわけではなかった。

しかし、その後、晴明は陰陽師としてその名が知られるようになり、大家となったことは史実だが、超能力を駆使した若く美しい陰陽師というイメージは誤解だったというわけだ。

誤解

熊谷直実は武士の境遇に無常を感じ出家した

本当は……

直実が出家したのは源頼朝から所領を没収された一件や、所領の境界紛争で頼朝の決済に腹を立てたことなどが原因だった。

平家一門の興隆から滅亡までを叙事詩的に描いた『平家物語《へいけものがたり》』は軍記物の代表的な作品として知られ、聴く者や読む者の涙を誘う名場面がいくつもある。「一の谷の合戦」で平敦盛《たいらのあつもり》が源氏方の熊谷直実《くまがいなおざね》（1141～1208）に首をとられる最期の場面も、『平家物語』の無常観が伝わる名シーンだ。

その日、直実はすでに戦功を立てていたが、さらに上の首級《しゅきゅう》（高位の武将の首）を求めて一騎で敵を探していた。すると、沖の船に向かって馬を泳がせる平氏の騎馬武者を発見。甲冑から見て、身分が高い武将だとわかった。

そこで直実が「敵にうしろを見せるとは卑怯。返せたまえ」と声をかけると、武者は馬首を返し、渚にあがってきた。直実は馬を進め、両者は馬上で組み合ったあと地上に落ちたが、直実は敵将の鎧《よろい》の袖を膝で押さえ、首を斬ろうとして兜を取った。

ところが、そこに現れたのは16か17歳の薄化粧をした美しい若武者であり、同じ年頃の男子をもつ直実は首を斬るのをためらった。「これは平家の公達《きんだち》にちがいない。この方の父親も、自分が子を思うように心配しているだろう。お気の毒のことだ」と思い、「名のられよ。お助けしよう」といった。

しかし、若武者は気丈にも「おまえにとっては良い敵だろう。いま名のらなくても、あとで名はわかるはずだ。早く首を取れ」と答えた。それでも直実がためらっていると、源氏方の軍勢が50騎ほど近づいてきたので、直実は「自分が助けたところで、この方は味方の軍勢と戦って討ち死にするだろう。それならば、いっそのこと自分が討って死後の供養をしてあげたほうがよい」と思い、心を鬼にして若武者の首を斬ったという。

その後、直実が首を包むために若武者の鎧直垂《よろいひたたれ》をとくと、錦の袋に入った笛が差してあった。その笛は敦盛の祖父・平忠盛《ただもり》が鳥羽《とば》上皇から賜った「小枝」という名品であり、直実は「合戦の場にこのような笛を持参するとは、身分の高い方というのはなんと優雅で風流なものなのだ」と感銘した。直実は、のちにその若武者が平清盛の弟・経盛《つねもり》の子である敦盛（17歳）であったことを知ったという。

短気で怒りっぽい、直情径行型だった直実

なんともやりきれない話で、「祇園精舎の鐘のこゑ、諸行無常のひびきあり」という有名な書き出しではじまる『平家物語』らしい話といえば、そういえなくもない。無常を感じたのは聴衆や読者だけでなく、直実も同じだった。こんな非情な殺人をくり返す武士という境遇に、直実も無常を感じ出家したというのが話の結末で、史実でも直実はその後、上洛して法然《ほうねん》の門に入り、蓮生と称している。

しかし、現在、この『平家物語』の直実と敦盛の話は創作と見られ、史実と思うことは誤解であるという。なぜなら、鎌倉幕府の歴史を記した『吾妻《あずま》

鏡《かがみ》』に次のような記事があるからだ。

文治《ぶんじ》3（1187）年、鎌倉の鶴岡八幡宮《つるがおかはちまんぐう》で流鏑馬《やぶさめ》神事が行われたとき、直実は源頼朝から的立の役を命じられた。しかし、直実はこれが不満で役につくことを拒んだため、所領の一部を没収された。その5年後の建久《けんきゅう》3（1192）年、直実は所領の境界をめぐる紛争で頼朝に決裁を仰いだが、頼朝が相手方に味方していると怒り、自ら髻《もとどり》（髪の毛をまとめて上に束ねた所）を切って去って行ったという。

結局、直実が武士をやめて出家したのは敦盛の一件で無常を感じたわけでもなんでもなく、生来の短気で怒りっぽい性格が災いしたというわけだ。そもそも、直実が一騎で戦場をうろうろしていたのは、もっと良い首をとろうと思ったからであり、言い換えれば、のちの論功行賞で多くの恩賞（所領）を得ようと思ったということである。

当時の武士であれば誰もが考えることであり責めることはできないが、実に俗っぽい話だ。そこで突如、仏心が芽生えたというのもにわかには信じがたい。直実もいまごろは墓場の陰で、まさか自分が『平家物語』のなかでこんなにも美化してもらえるとは……と困惑しているのではないだろうか。

誤解

水戸黄門は江戸幕府の副将軍

本当は……

江戸幕府の職制に副将軍という職名や地位はなく、徳川光圀は水戸藩主で江戸に常住していたが、副将軍ではなかった。

かつてテレビの長寿番組として人気を集めた「水戸黄門」の主人公・徳川《とくがわ》光圀《みつくに》（1628〜1700）は常陸国水戸（茨城県水戸市）藩の2代藩主である。しかし、テレビ番組の影響で、多くの日本人には「黄門様」こと光圀は副将軍として通っている。

おなじみのストーリーをあえて紹介すると、全国各地を漫遊し悪い代官や商人を懲らしめる黄門様は、もっと早くに身分を明かせばいいものを、番組終了のぎりぎりまで「ご隠居様」で通す奥ゆかしさをもっている。

そして、いよいよクライマックスになると、格さんだったか助さんだったか、どちらかが葵の紋の入った印籠《いんろう》を手に「ここにおわすは天下の副将軍、水戸光圀公なるぞ」とようやく身分を明かす。

水戸駅前に建つ、水戸黄門・助さん格さん像（「花留談」木村功氏提供）

このおなじみのシーンで毎週毎週「天下の副将軍」と聞かされたことで、光圀は将軍の次に偉い副将軍だったのだと、多くの人が誤解してしまった。どこが誤解かというと、江戸幕府の職制に副将軍という職名も地位もないからだ。
では、なぜ光圀は副将軍といわれるようになったのだろうか？

その前に黄門さまの「黄門」についても言及しておこう。

光圀は元禄3（1690）年に権中納言に叙せられたが、中納言のことを唐名（中国名）では「黄門」といった。中国の黄門は秦や漢の時代からつかわれたもので、官人が出入りする門が黄色だったことから黄門とよばれた。もしも門の色が赤かったら赤門であり、東京大学（元加賀藩邸）の門のようで話がややこしくなっていたはずだ。

ということで、中納言（権中納言を含む）に叙せられた水戸藩主はみな水戸黄門であり、初代・頼房《よりふさ》はじめ3代・綱條《つなえだ》、8代・斉脩《なりのぶ》、9代・斉昭《なりあき》、10代・慶篤《よしあつ》らも水戸黄門なのだ。そのなかで光圀が黄門の名を独り占めにしたのは、光圀が好学で有能な藩主だったからにちがいないが、だからといって副将軍に任ぜられたわけではない。

副将軍とよばれた原因は、徳川御三家《ごさんけ》のうち水戸藩だけは参勤交代が免除され、かつ水戸藩主は国元の水戸ではなく江戸・小石川の藩邸に常住する「定府《じょうふ》」だったからである。つまり、江戸城に住む将軍と同じように、江戸に常にいることから将軍のようだというわけで、副将軍とよばれるようになったのである。

現代でも、会社や商店などさまざまな組織のなかで、正式には存在しないのに「副社長」とか「副店長」とかよばれているうちに、あとから入った人が本当にそういう役職があるものと思ってしまうことがよくある。まさに「嘘も百ぺんつくとまことになる」だ。

誤解

天草四郎は「奇跡」によって崇拝された

本当は……

四郎が人々の前で見せたのは奇跡ではなく、現代の手品のようなものであり、彼は天の使いというわけではなかった。

キリスト教徒による一揆といわれてきた「島原の乱」で、一揆軍を率いた総大将は17歳の美少年・天草四郎時貞《ときさだ》だった。なぜこんなに若い四郎がリーダーになれたかというと、四郎は〝天の使い〟であり、人々の前でいくつもの奇跡を見せたからだ、といわれてきた。

四郎は元和《げんな》7（1621）年、益田甚兵衛好次《よしつぐ》の子（甥ともいわれる）として生まれた。甚兵衛は肥後国宇土《うと》（熊本県宇土市）城主・小西行長《こにしゆきなが》の家臣だったが、行長が「関ヶ原の合戦」に敗れ、小西家が改易になると、甚兵衛は農民（百姓）になった。

宇土は行長がキリシタン大名だったことからキリスト教徒が多く、甚兵衛もまたキリスト教徒になった。四郎は9歳のときから手習いをはじめ、その後、長崎に遊学してキリスト教徒となり、ジェロニモという洗礼名を受けた。

その四郎が一揆の総大将になるのは、次のような経緯からだった。島原の乱の実態を伝える『山田右衛門作口書写《えもさくくちがき》』という史料によると、一揆の首謀者は松右衛門、善左衛門、源右衛門、宗意、山善左衛門という5人の牢人《ろうにん》（主家を離れて封禄を失った武士）だとされる。

5人は、26年前に追放された伴天連《ばてれん》（宣教師）の予言を知っていた。その予言とは「26年後に〝善人〟が現れる」というもので、彼らは四郎こそがその善人であると信じ、人々に四郎を〝天の使い〟であると広めたのだ。

そして、人々の前に現れた四郎は、挨拶代わりのつもりだったのか、〝奇跡〟を起こして人々をおどろかせた。四郎の掌《てのひら》の上に空から鳩が舞い降りてきて、卵を産んだのだ。そして、四郎がその卵を割ると、なんと、なかからキリシタンの経文が出てきたのである。

こうして、四郎がいくつもの〝奇跡〟を〝披露〟したことで、人々はいよいよ四郎は天の使いだと信じるようになり、一揆軍の総大将にまつりあげられたというわけだ。

しかし、四郎が奇跡を起こしたというのはまったく誤解で、奇跡の真相は現代の手品のようなものだったという。四郎は長崎に数回遊学しており、そこでオランダ伝来の手品をいくつも身に着けていたとも考えられる。

しかし、現代の若くて容姿のよいマジシャンが多くの人々を魅了するように、四郎が人々から大いに人気を集めたことはまちがいないようだ。

誤解

浅野内匠頭は不正を嫌った清廉な名君

本当は……

赤穂藩主・浅野内匠頭はけちな性格だったとされ、刃傷事件の原因とされてきた賄賂説は現在、否定されている。

「忠臣蔵《ちゅうしんぐら》」で知られる「赤穂事件《あこう》」の悲劇の殿様といわれる赤穂藩主・浅野《あさの》内匠頭長矩《たくみのかみながのり》は、清廉潔白な名君だったといわれる。内匠頭が江戸城・松之廊下で刃傷《にんじょう》事件を起こしたのも、賄賂（付け届け）を要求する吉良上野介に対して不正を嫌い、応じなかったことがそもそもの発端だったとされる。

この定説のせいか、映画やテレビの忠臣蔵のドラマに登場する内匠頭は若くて美男で品がいい。いかにもピュアで、曲がったことは大嫌いという感じである。そんな内匠頭は国元（赤穂）でも名君として領民に慕われてきたといわれる。

しかし、この内匠頭のイメージは、残念ながらまったくの誤解のようだ。まず、刃傷事件の原因とされる賄賂説は近年、否定する見方が多い。なぜなら、上野介が御馳走役《ごちそうやく》（勅使を饗応《きょうおう》する役で、饗応役ともいう）の大名から受け取っていたものは、「知識の伝授に対する謝礼」であり、賄賂ではなかったからだ。

名称はともかくとして、当時は御馳走役の大名が上野介に黄金一枚（小判にして10両）を渡すことは慣例になっており、それを不正と考える大名はいなかった。まして、内匠頭にとって御馳走役は2度目のことであり、いまさら何を……という指摘もある。

従って、内匠頭が賄賂を渡さなかったため、上野介から御馳走役の指導を受けられず恥をかかせられたというのも不自然だ。では、実際はどうだったのだろうか。

実は、内匠頭がいつになっても上野介につけ届けを贈ろうとしないので、江戸家老が「そろそろ上野介殿にお贈りなさったほうがよいのでは」と進言すると、内匠頭は「うまくことがすんでから、祝儀としてもっていけばいい」と答えたという。

しかも、内匠頭は今回の御馳走役の職務にかかる経費の予算を700両としていた。18年前のときの饗応一式の経費は400両だったから、一見、妥当な予算に思えるが、その後、諸物価が高騰しており、その14年後に御馳走役を務めた大名は1200両も費やしていた。

つまり、内匠頭の2度目の御馳走役には最低でも1200両、さらなる物価の値上がりを考慮すればもう少し多い額を予算として見積る必要があったのだ。

内匠頭が見積もった700両を「経費節減」「合理化」と評価する人もいるかもしれないが、当時は「けち」と見る人のほうが多かったようだ。それを裏づけるように、当時の書物のなかに内匠頭を評した記述があり、そこには「生まれつきすごく短気で、その上、吝嗇《りんしょく》（けちのこと）強く、人のいうことを少しも聞かない性質……」とある。

有名な「風さそふ……」の辞世の句も後世の創作？

現在では、刃傷事件の原因を賄賂ではなく、もともと精神を病んでいた内匠頭が当日、発作的に刃傷に及んだとする乱心説が有力である。

松之廊下での刃傷の直前、内匠頭は大奥の留守居番・梶川与惣兵衛《かじかわよそべえ》から挨拶されているが、そのときには変わった様子はなかったとされる。つまり、その後の刃傷は計画的なものではなく、突発的な乱心によって起きたというわけだ。

また、内匠頭は取り押さえられたあと、陸奥国一関（岩手県一関市）藩主・田村右京大夫建顕《たむらうきょうのだいぶたてあき》の屋敷に預けられたが、ここで内匠頭は出された料理をきれいに食べたうえ、ちゃっかり酒と煙草も所望したという。開き直ったといえばそれまでだが、並みの神経ではない。乱心説の根拠の1つとされるゆえんである。

国元でも内匠頭の評判は良くなかった。女色を好み、寵愛する女性の一族を厚遇する一方で、苛酷な年貢の取り立てで領民を苦しめた。そのために、内匠頭の切腹・御家断絶が領内にも知れわたると、領民たちは餅をついて祝ったといわれている。

内匠頭といえば、切腹前に「風さそふ花よりもなほ我はまた 春の名残りをいかにとかせん」という辞世の句をしたためたことで知られるが、この歌を伝える史料は、当日の検使の1人、多門伝八郎がのこした『多門伝八郎覚書』にしかない。そのため、いまでは伝八郎の創作と考えられている。

内匠頭に関する誤解がとけてしまうと、これから忠臣蔵のドラマを撮るさい、俳優らは内匠頭の役をやりたがらなくなるかもしれない。

第3章

吉良上野介は、領民には慕われていた⁉

悪党・梟雄編

誤解

蘇我入鹿は権勢を笠に専横なふるまいをした

本当は……

入鹿は学識も高く礼儀正しい人物で、大国・唐による日本侵略に備えて天皇の都を守ろうとした、忠臣であった。

皇極《こうぎょく》4（645）年6月、飛鳥板蓋宮大極殿《あすかいたぶきのみやだいごくでん》で、中大兄皇子《なかのおおえ》（のちの天智天皇《てんじ》）や中臣鎌子《なかとみのかまこ》（のちの藤原鎌足《ふじわらのかまたり》）らによって、時の権力者・蘇我入鹿《そがのいるか》（?〜645）が暗殺された。この事件を「大化改新《たいかのかいしん》」という人がときどきいるが、それは大きな誤解だ。大化改新はこの事件の後に即位した孝徳《こうとく》天皇によって行われたという国政改革のことであり、入鹿が暗殺された事件は「乙巳《いっし》の変」という。

それはともかく、暗殺された入鹿は『日本書紀』によると、権力を笠に着て専横なふるまいをした〝ワル〟だった。具体的には、聖徳太子（厩戸《うまやど》皇子）の子である山背大兄王《やましろのおおえのおう》を襲撃して、自殺に追い込んだ。山背大兄は次期天

絹本に描かれた蘇我入鹿暗殺（談山神社所蔵『多武峯縁起絵巻』より）

皇の有力な候補者だったが、田村皇子（のちの舒明《じょめい》天皇）と皇位を争い敗れた。とはいえ、政界の実力者であることには変わりなく、太子の子という血筋も良く、入鹿にとって〝邪魔な存在〟だった。

入鹿はまた、甘樫丘《あまかしのおか》という高い丘の上に、父・蝦夷《えみし》と自分の壮大な邸宅を並べて建て、天皇でもないのに蝦夷の邸宅を「上の宮門《みかど》」、自邸を「谷《はざま》の宮門」と称した。そして、子どもたちを「王子《みこ》」とよんだ。

さらに、家の外に城柵を囲い、

武器庫を設け、防備を強化。つまり、入鹿と父・蝦夷は丘の上から天皇家や他の豪族の建物を見下ろし、軍事施設で威嚇したというわけである。これが入鹿暗殺の理由である「専横なふるまい」のいちばんの根拠だ。

中大兄と鎌足は、このままでは天皇家の権威が失墜すると思い、入鹿の暗殺を計画。大極殿の現場では計画が露見しそうになったが、中大兄が斬りつけ、入鹿の首を斬った。

それを見た皇極天皇が「いったい何事か」とたずねると、中大兄は「入鹿が皇子を滅ぼし、天皇家に代わって自分が皇位につこうとしています。入鹿が天子に代わっていいものでしょうか」と訴えた。

この暗殺現場の描写も『日本書紀』に記されたものだが、それに従えば、入鹿は自分が天皇になろうとしていたことになる。もはや入鹿は天皇に忠誠をつくさない「不忠者」「反逆者」であり、殺されてもしかたがない、というのが『日本書紀』の言い分のようだ。

『日本書紀』のなかでワルとして記された入鹿と蝦夷

ところが、藤原氏の伝記『藤氏家伝《とうしかでん》』によると、高僧の旻《みん》法師は講堂を開き、「わが講堂に入る者で、宗我大郎（入鹿のこと）よりすぐれた者はいない」といったという。

藤原氏は入鹿暗殺に加わった鎌子を祖とする氏族であり、入鹿のことを非難はしても称賛する義理はない。にもかかわらず、『家伝』に旻法師の入鹿評を記したということは、それだけ入鹿の学識が高かったからにほかならない。

もっとも、学識が高いからといって〝いい人〟とはかぎらないのは現代と同じ。しかし、入鹿にはこんな話も伝えられている。前述の旻法師の講堂に鎌子が遅れて入ってくると、入鹿は立ち上がって礼をしたというのだ。この話からは「専横なふるまい」というイメージはなく、むしろ礼儀正しい人物だったように思えてくる。

また、山背大兄襲撃の一件も、近年の研究では入鹿の単独犯行ではなく、当時の皇族や豪族らによる軍事行動だったとも考えられており、入鹿だけをワルにする根拠はないという。

さらに、近年の甘樫丘東麓遺跡の発掘調査によって、蝦夷・入鹿の自邸と記された建造物は、邸宅というより要塞に近いものだったことがわかってきた。つまり、国際情勢に明るかった入鹿が、大国・唐の日本侵略に備えて、都のある大和の入口に要塞を建てた、と見ることができるのだ。これが事実なら入鹿悪人説のいちばんの根拠が崩れることになる。

そうなると、入鹿は皇位をうかがった不忠者、反逆者どころか、自邸を要塞のようにして必死に天皇の都を守ろうとした「忠臣」とよぶべきだろう。

このように考えてくると、優れた人物としての入鹿の姿が浮かび上がってくる。現在でいえば、国際情勢の分析能力にたけた愛国心あふれるきわめて有能な政治家ということになる。

では、なぜ入鹿は後世、ワルとして伝えられてしまったのだろうか？

その原因は『日本書紀』であり、その編纂をはじめた天武《てんむ》天皇と持統《じとう》天皇が天武朝の正統性を示すために入鹿を頂点とする蘇我氏を悪者にしたのだ。どういうことかというと、天武は「壬申《じんしん》の乱」で兄・天智天皇の子である大友皇子を破って即位した天皇であり、大友から皇位を奪ったようで正統性に問題があった。

これでは周囲から天皇として認められず、統治もできない。困った天武が思いついた妙案が、「そうだ、悪いのは兄（天智）ではなくて、その政治を揺るがそうとした大友やその取り巻きということにしよう」というもの。つまり、天武は悪い大友やその奸臣らを成敗した天皇というわけだ。

かくして天智は『日本書紀』のなかに偉大な天皇として記され、中大兄時代の入鹿暗殺事件も天智を〝善玉〟にするために入鹿や蝦夷の蘇我氏をワルとしてつくりあげたのである。

誤解

道鏡は女帝をたぶらかして昇進した

本当は……

道鏡が孝謙上皇（称徳天皇）の寵愛を得たのは上皇の病を快癒させたからであり、異例の昇進は女帝の寵愛の表れだった。

日本史に登場する何人もの「悪人」のなかでも、ランキングをつけたらまちがいなく上位に入りそうなのが、奈良時代の僧侶・道鏡《どうきょう》（?～772）だ。「怪僧」とも「妖僧」ともいわれ、なにやら不気味な悪僧のイメージがある。

道鏡のイメージを悪くしているのは、女帝である孝謙《こうけん》上皇（称徳《しょうとく》天皇）と男女の仲になったことだ。孝謙上皇は聖武天皇の娘で、女性天皇で初めて皇太子を経て天皇（孝謙天皇）になった女性であり、のちに皇位を大炊《おおい》王（即位して淳仁《じゅんにん》天皇）に譲り、上皇になった。

2人が近江国（滋賀県）の保良宮《ほらのみや》で出会ったとき、上皇は40代半ばで、道鏡は50歳前後であり、中高年同士の恋愛だった。道鏡に夢中になった上皇に対して淳仁天皇が「そんなことをしていてはいけません」と苦言を呈すると、「わかりました。もう会いません」と答える代わりに淳仁天皇を退位させて、自分が再び皇位についてしまった（重祚《ちょうそ》という）。

その後、称徳天皇の道鏡に対する寵愛《ちょうあい》は、もはや〝どうにも止まらない〟状態になり、道鏡はどんどん昇進し、ついには現在の総理大臣にあたる太政大臣禅師を経て、僧侶の最高位である法王に就任してしまった。

そこまで上皇を夢中にさせた原因は、道鏡がいわゆる「性豪」だったからだという。日本最古の仏教説話集『日本霊異記《にほんりょういき》』には、「……僧道鏡法師、皇后と同じ枕に交通《とつぎ》し、天の下の政を相《たす》け摂《と》りて、天の下を治む」と記されている。

「皇后」とは称徳天皇のことであり、「道鏡が称徳天皇と同じ枕に寝て情交し、政治の実権を握って天下を治めた」というわけだが、いつしか道鏡には巨根伝説も流布されるようになった。

歴史物語の『水鏡《みずかがみ》』には、道鏡が巨根になった原因まで記されている。道鏡は天皇になろうと一心に経を読んだが、効験《こうけん》（ききめ）がなかった。腹を立てた道鏡が本尊の如意輪像を倒し、それに向けて排尿すると1匹の蜂が飛んできて陰茎を刺した。これが原因で道鏡は巨根になったというのだ。

道鏡の異例の昇進は称徳天皇の寵愛によるもの

後世、道鏡と孝謙上皇（称徳天皇）の関係については、前述の夜の話のほうがおもしろおかしく伝えられた。このため、道鏡は女帝を籠絡《ろうらく》して昇進した好色の坊主というイメージが定着した。しかし、性豪伝説も巨根伝説も根拠のある話ではない。2人が男女の仲だったことは事実のようだが、道鏡が夜の営みによって女帝の寵愛を受けたという指摘には誤解がある。

若いころの道鏡は熱心に勉強と修行をし、サンスクリット（梵文）に通じていた。当時、サンスクリットに通じた僧はめずらしく、道鏡の学識が相当深かったことがわかる。

また、道鏡は葛城山で修行し、呪術や医術も身につけて看病禅師になっている。看病禅師とは天皇など貴人の治療（看病）にあたる僧のことで、道鏡は保良宮で孝謙上皇の治療にあたったのが、そもそもの出会いだ。

上皇の病は心の病だったようで、道鏡は修行で体得した「宿曜《すくよう》秘法」で治療した。宿曜秘法とは一種の星占いであり、道鏡は上皇の悩みを聴きながら、星占いで気持ちをやわらがせたようだ。現代のカウンセリングと星占いを併用したような治療法だったのだろう。

この治療によって病気が快癒したことから、上皇は看病禅師としての道鏡に信頼をおき、常にそばにつかえさせるようになったのだ。その後、上皇の信頼が愛情へと変化していくのは、現代社会でもよくある話。また、恋愛のパートナーをどんどん昇進させることも、組織内ではよく耳にする。

つまり、道鏡が異例の昇進を遂げたのは、女帝の熱の入れようがハンパではなかったためであり、道鏡だけを悪僧とするのはこくである。また、女性の〝熱病〟はいったんさめると、再び熱くなることはない。そのときあたふたするのが男性であることを、道鏡は身をもって知ったにちがいない。

誤解

高師直は傲慢で好色な秩序破壊者

本当は……

師直は後醍醐天皇の建武政権での諸政策を室町幕府で活かし、所領に関する混乱を整理するなど行政官僚として活躍した。

赤穂浪士の吉良邸討入り事件は「忠臣蔵」として知られているが、この忠臣蔵ということばは、寛延《かんえん》元（1748）年に初めて上演された浄瑠璃『仮名手本忠臣蔵《かなでほんちゅうしんぐら》』や同じ外題《げだい》（題名）の義太夫から出たものだ。

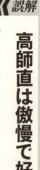

内容はいうまでもなく「赤穂事件」を題材にしたものだが、当時、実際にあった事件を浄瑠璃や芝居の素材にすることは幕府によって禁じられていた。そこで、時代設定を室町時代として有名な軍記物『太平記』の物語に仮託している。

そのため、登場人物も浅野内匠頭は塩谷判官高貞《えんやはんがんたかさだ》、大石内蔵助は大星由良之助、吉良上野介は高武蔵守師直《こうのむさしのかみもろなお》の名前で登場する。このうち大星由良之

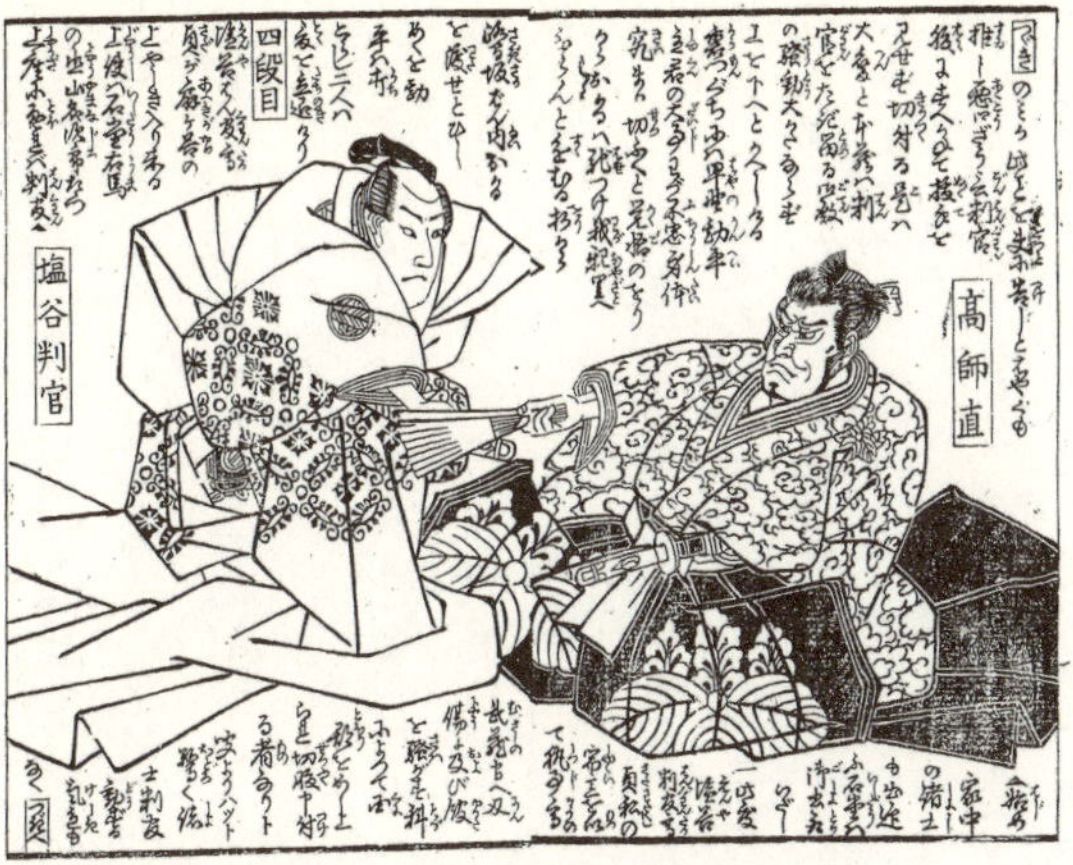

『仮名手本忠臣蔵』に描かれた高師直（国立国会図書館所蔵）

助は架空の人物だが、塩谷高貞と高師直（?〜1351）は実在の人物で、とくに師直は足利尊氏の側近として有名である。

　師直は尊氏に従い、後醍醐天皇の建武新政権の樹立に尽力し、雑訴《ざっそ》決断所（訴訟審理機関）奉行人となった。その後、尊氏が朝廷に反旗をひるがえすと、室町幕府の創設に貢献し、将軍家の執事になっている。

　しかし、尊氏の弟・直義《ただよし》と対立し、正平《しょうへい》4・貞和《じょうわ》5（1349）年、師直は直義のはたらきかけによって執事を解任された。すると師直は、直義追討の兵を挙げ、直義が逃れた尊氏邸を囲み、直義を出家させている。

というように、高師直は南北朝時代から室町時代にかけて活躍した武将なのだが、その評判はきわめて悪い。その悪評をひとことでいえば「傲慢《ごうまん》」ということにつきる。

執事となった師直は、将軍・尊氏のすべての命令を将軍に代わって下達し、逆に臣下から将軍へのすべての申請・報告・嘆願も師直を通さなければ上申できなかった。

また、師直の弟（兄ともいわれる）・師泰《もろやす》が武士の統制機関・侍所《さむらいどころ》の長官（侍所頭人《とうにん》）となり、武士の戦功を将軍に報告する権限も手にしたことから、師直・師泰兄弟の権力が大きくなり、兄弟ともに傲慢な態度が目立つようになった。

『太平記』によれば、師直は朝廷や寺社の権威さえ軽んじるようになり、「天皇や上皇など木や金でつくって、本物は島流しにすればよい」と放言したほか、師直の家来が「恩賞の所領が小さい」と嘆願すると、「その近辺の寺社の所領をかってに切り取れ」と答えたという。

師直の悪名が高い理由の1つは、その好色にもあった。皇族や貴族の娘に手当たりしだいに手をつけ、たくさんの子どもを産ませたことから京の都では「執事の宮廻り手向けを受けぬ神もなし」といわれた。

『徒然草』の著者・吉田兼好に恋文を代筆させたともいわれており、『仮名手本忠臣蔵』のなかでも師直は塩谷判官の妻に横恋慕する悪者として描かれている。

「英雄色を好む」を実践した師直

『仮名手本忠臣蔵』や『太平記』に描かれた師直像はたしかに傲慢で好色などうしようもないワルだが、近年、後醍醐天皇の建武政権の見直しにともない、師直のはたらきについてもこれまでの定説とは異なる見方が出てきている。

後醍醐天皇の改革は結果的に失敗に終わったが、そのすべてに価値がないわけでなく、そこで行われた諸政策は室町幕府に継承されており、一定の評価が与えられるというのだ。

建武政権のなかで雑訴決断所奉行人を務めた師直は、職務経験を室町幕府で活かし、恩賞として武士に与えた所領に関する混乱を整理したほか、所領の不法占拠者の排除にも努めている。つまり、師直は行政官僚として建武政権の諸政策を幕政に活かし、将軍・尊氏の政権を支えていたというわけである。

朝廷や寺社の権威を軽んじたというのも、既存の秩序を破壊し新秩序を構築しようとした改革と見れば、あの革命児・織田信長に通じるものがあるようにも思える。また、師直は和歌をたしなむ教養人であり、無骨な武士団のなかで公家・貴族とも交流できる貴重な武将でもあった。

好色の悪評も「英雄色を好む」の表れと考えれば、傲慢で好色という師直像は現在では誤解というべきなのかもしれない。

誤解

北条早雲は鎌倉時代の北条氏の後裔

本当は……

「北条」は、早雲の子・氏綱の代から名のったもので、早雲は鎌倉幕府の執権職にあった北条氏とは縁もゆかりもない。

戦国時代の幕開けのころに登場した北条早雲《ほうじょうそううん》（1432〜1519）は、「下剋上《げこくじょう》の雄」といわれるように素浪人の身からのし上がり、戦国大名にまでのぼり詰めたといわれる武将である。

しかし、早雲にはまた別の呼称があって、戦国武将の斎藤道三《さいとうどうさん》、松永久秀《まつながひさひで》らとともに「三梟雄《きょうゆう》」ともよばれている。「梟雄」とは、「奸智《かんち》に長け、残忍で強い人」のことで、けっしてほめことばではない。

早雲が下剋上の雄とも梟雄ともよばれるのは、その経歴にある。従来の定説によれば、早雲は妹（姉とも伯母ともいう）の北川殿のつてで駿河国（静岡県）にやってきて、駿河守護・今川義忠の死後、今川氏の内紛を調停して氏親《うじちか》の家督相続に貢献する。その後、伊豆国（静岡県沼津市）にあった興国寺城主となったあと、伊豆を平定し韮山《にらやま》城を築いた。さらに小田原城を奪い、相模をも平定して関東を制覇した。

つまり、早雲が版図を広げる過程で、いくつもの城を奪ったことが梟雄たるゆえんらしいが、近年の研究によれば、早雲は伊豆で善政を施し、領民から崇められたという。

北条早雲（国立国会図書館所蔵『本邦史綱』より）

その早雲に関する大きな誤解が、早雲は鎌倉幕府の執権職にあった北条氏の後裔《こうえい》であるというもの。館林（群馬県館林市）藩士・岡谷繁実《おかのやしげざね》が書いた『名将言行録《めいしょうげんこうろく》』（明治初頭に刊行される）によれば、興国寺城主になった早雲は

「長氏（早雲のこと）は、今はよそ者になっているが、実は北条氏の子孫である」と領内に宣伝させ、領民の信頼を得て支配したという。

一読すると、やはり早雲は北条氏の後裔なのかと思いがちだが、よく読めば、領地支配のために歴史に名高い「北条」をかたったとも思える。

実際、早雲自身は生涯、北条と名のることはなかった。北条を名のったのは早雲の子・氏綱の代からであり、それによって父・早雲も北条とされたというわけだ。

そこで歴史学上も鎌倉時代の北条氏と区別するために、早雲にはじまる北条氏を「後北条氏」と記すことがある。

結局、早雲の梟雄説も北条氏後裔説も誤解だったが、それよりも迷惑をこうむったのはフクロウ（梟）だ。いまでこそ福をよぶ鳥として全国各地の観光地のみやげ物店に陳列されているが、戦国時代は「残忍」の象徴だったのである。

誤解 今川義元は貴族趣味の文弱な愚将

本当は……

義元は「桶狭間の合戦」でも最後まで戦い、また、領国経営でも実績をのこし、けっして文弱な愚将ではなかった。

映画やテレビの時代劇には、よくお歯黒をつけた不気味な容貌の公家が登場することがある。きらびやかな衣装を身にまとい、扇子で口を隠しながら「ほっ、ほっ、ほっ」と笑う姿が定番だ。およそ武家とは真逆な人種のようだが、実は武家のなかにも、この公家のような容貌で描かれる人物がいた。「海道一の弓取り」といわれた戦国武将・今川義元《いまがわよしもと》（1519～60）だ。今川氏は室町幕府の将軍家・足利氏と同門であり、義元は名門の一族だった。また、義元の母は大納言中御門宣胤《なかみかどのぶたね》の娘であり、京都の公家とも親戚関係にあった。そのため、義元は京都文化を好み、領地の駿府（静岡県）にも京風文化を取り入れ、公家を迎えたときなどには、蹴鞠《けまり》や和歌を楽しんだ。今川氏は代々和歌に造詣が深く、義元自身もすぐれた歌を詠んでいる。

こうしたプロフィールを聞いただけでも義元は公家・貴族のようなイメージだが、貴族趣味のきわみとも思えるのが、その容貌だった。義元は月代《さかやき》を剃らずにのばしたままの総髪にし、歯には鉄漿《かね》（お歯黒のこと）をつけていたと伝えられている。

もはや外見も公家といっていいようだが、義元の評判を悪くしているのが、有名な「桶狭間の合戦」のときに落馬したという話だ。武芸の鍛錬を怠り、馬にも乗れないほど肥満した義元は、足が短く胴が長い体軀で武芸には向かなかったという。輿に乗って出陣したことも非難されており、総大将としても大軍を率いながら織田信長の軍勢に敗れたことから後世「愚将」「凡将」とよばれた。

結局、義元は蹴鞠や和歌ばかり得意な、貴族趣味の文弱な武将というのがこれまでの定説だった。ところが、近年、その評価が見直され、そうした見方が誤解であったことが明らかになってきたのだ。

名君の誉れ高い、義元の領国経営

義元は駿河・遠江・三河を領国とし東海道一の武士といわれたれっきとした戦国武将であり、それまでにはいくつもの戦乱や骨肉の争いを経験している。義元は今川氏親《うじちか》の3男として生まれ、幼いときに出家して善徳寺の僧侶・承芳《しょうほう》となったが、天文5(1536)年、長兄の氏輝《うじてる》が亡くなり、次兄の僧侶の恵探《えたん》と家督を争っている。

恵探は承芳より年上だったが側室の子であったため、正室の子である承芳のほうが重視されていた。そこで、誰もが今川氏の家督は承芳が相続するものと思っていたが、納得できなかった恵探が反旗をひるがえしたのだ。結果、血で血を洗う内乱となったが、翌年、恵探が劣勢となり、自刃して争いは終結した。その後、承芳が還俗して義元と名を改めている。

こうして今川氏の当主となった義元は、その後、尾張(愛知県)の織田信秀(信長の父)や三河(愛知県)の吉良義安《きらよしやす》などとも戦っており、けっして文弱な武将ではなかった。

「桶狭間の合戦」でも、当初こそ義元は側近らによって守られていたが、やがて義元を守る兵士はいなくなった。織田軍の兵士が義元を取り囲み、義元を槍で突くと、義元はその槍先を斬り落として応戦している。

しかし、孤軍奮闘もそこまでで、敵兵に組み伏せられた。それでも義元は最後まで抵抗し、敵兵の人差し指を食いちぎったというから、その闘志はハンパではなかった。

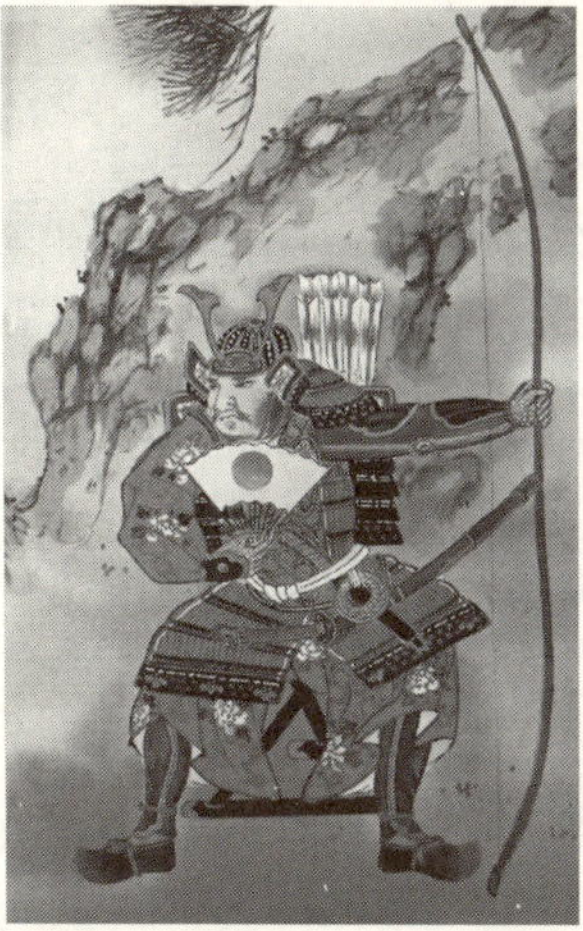
今川義元の肖像画（桶狭間古戦場保存会所蔵）

領主としても、父・氏親が定めた家法「今川仮名目録」33か条にさらに21か条を追加し、「今川仮名目録追加」を制定するなどして領国経営に取り組んでおり、名君の誉れも高かった。つまり、義元はけっして文弱な愚将ではなかったのである。
人は見かけで判断してはいけないとよくいわれるが、その人間がおちいりやすい偏見の犠牲になったのが今川義元だったといえる。

誤解

坂崎出羽守が千姫を大坂城から救出した

本当は……

千姫を大坂城から父・徳川秀忠に送り届けたのは、豊臣方の重臣・大野治長だという説が有力である。

元和2(1616)年、2代将軍・徳川秀忠の娘・千姫《せんひめ》と伊勢国桑名(三重県桑名市)城主・本多忠政の長子・平八郎忠刻《ただとき》の婚約が決まると、石見国津和野《いわみつわの》(島根県津和野町)藩主・坂崎出羽守直盛《さかざきでわのかみなおもり》(成正ともいう)は輿入れ《こしいれ》の行列を襲って千姫を奪うことを企てたが、計画が露見。幕府の命により家臣に監禁されて、自害した。これにより、坂崎家は改易となり断絶した。

この一件だけを聞くと、たしかに出羽守は千姫を強奪しようとした悪党のように思える。しかし、この事件には前段があって、それを聞くとはたして出羽守は悪党なのか英雄なのかわからなくなってくる。

その前段とは、前年に起きた「大坂の役」（夏の陣）でのことだ。この合戦で豊臣方は徳川方に敗れ、豊臣秀頼が母の淀殿とともに自害して滅亡した。ところが、秀頼の妻・千姫は大坂城を脱出し無事だった。

19歳のお姫様が自分独りで脱出できるわけもなく、当然、誰かの手を借りての脱出劇である。定説によると、その誰かが出羽守だったという。自決を覚悟した秀頼は大坂城に火をかけた。その猛火のなか、千姫が右往左往しているのを見た出羽守がすばやく近づき、燃え落ちていく大坂城から救い出したというのである。まさに英雄のはたらきだ。

出羽守が命がけで千姫を救出したのにはわけがあった。徳川方の総大将・家康（千姫の祖父）は大坂城の落城が近いことを知って、なんとかして孫娘を助けたいと思い、徳川方の将兵に対して「大坂城から千姫を救い出した者には褒美として1万石の知行を与えよう。また、千姫をも授けようではないか」と公言して、みなのモチベーションを上げようとしたのだ。

この家康の〝作戦〟が功を奏して、一徹短慮で知られる出羽守がやる気まんまんになって猛火のなかに突入。そして首尾よく、出羽守は千姫を秀忠のもとへ届け、家康と秀忠から大いに感謝された。すぐに約束の1万石は加増されたが、出羽守にとってはもう1つの約束のほうが待ち遠しかった。

しかし、以来、家康は千姫のことは口に出さなくなり、出羽守が「あのう、千姫の件はどうなりましたでしょうか」と再三催促しても、「ふむふむ」といってはぐらかすばかり。そんなやりとりがつづくうちに年が明け、その年、家康が亡くなってしまうと、幕府は千姫の一件は「無効」としてしまった。

千姫に案内を断られ、出羽守が嘘をついた!?

この一連の家康や幕府の対応に出羽守が怒って、「おのれ、狸爺《たぬきじじい》め、だましよったな」といったかどうかはわからないが、幕府が約束を守らないなら強奪するまでと輿入れ襲撃を企てたというわけである。

家康の約束不履行の話を聞くと、悪いのは出羽守ではなく家康のほうにも思えてくるが、実は出羽守の千姫救出劇は誤解だという指摘があるのだ。事件の真相については諸説あるが、有力なのは千姫を秀忠に送り届けたのは豊臣方の重臣・大野治長だったという説。当日、治長はもはやこれまでと覚悟すると、家来の南部左門と堀内主水《もんど》の2人に千姫を護衛させて秀忠の陣所に行かせたという。

では、なぜ出羽守が救出したという定説ができてしまったのだろうか。それについても諸説あり、出羽守は大坂城から脱出してくる千姫に出会い、これ幸いと案内役を買って出た。ところが、千姫が「けっこうです」とばかりに出羽守を相手にしなかったため、「それならば」とひと足先に家康の陣所に駆けて行き、「千姫様を救出。まもなくお着きになられます」と嘘をついたというのである。

出羽守は一徹短慮な性格だが、そんな卑怯なことをする武将ではないという指摘もあり、たしかに戦場でそんな小芝居をする余裕があったとは思えない。しかし、千姫の脱出に治長が尽力したことはまちがいないようで、出羽守救出説は誤解であるようだ。

それにしても、本人の意思を無視して「救出した者に千姫を授けよう」といった家康爺さんは、現代だったらとうてい許されないだろう。

誤解

徳川綱吉は「悪法」で多くの人を処罰した

本当は……

綱吉が「生類憐みの令」を発令したのは江戸が抱えていた社会問題の解決のためであり、必ずしも悪法とはいえない。

江戸時代、将軍は15人いた。そのなかで最も悪名が高いのが、5代将軍・徳川綱吉《つなよし》（1646～1709）だ。その原因は、悪法といわれる「生類憐み《しょうるいあわれみ》の令」を発したことにある。

天和《てんな》3（1683）年、嗣子《しし》（世継ぎ）徳松が亡くなったあと、子宝に恵まれない綱吉が、「どうして子どもができないのか」と悩みだしたことが、そもそものはじまりだった。

綱吉の母・桂昌院《けいしょういん》も一緒になって悩み、あるとき日ごろから崇敬していた隆光《りゅうこう》という僧に相談すると、「子に恵まれないのは前世の殺生の報いであり、子が欲しければ生類憐みを心がけなければいけない」と説法を受けた。さらに、綱吉が戌《いぬ》年生まれであることから「とくに犬を愛護するとよい」という、より具体的な指示までいただいた。

隆光の、ありがたいのか迷惑なのかわからないような回答を、綱吉が「そんな馬鹿な……」と聞き流してくれていたら、のちに多くの人が悪法の犠牲になることもなかった。また、綱吉の評価も大きく変わっていたはずである。

しかし、綱吉も桂昌院も隆光のいうことを真に受けて、以来、生き物愛護の法令を次々と出しつづけ、なかでも犬を手厚く愛護したことから綱吉は世間から「犬公方《いぬくぼう》」とよばれ、その失政により後世の歴史家からも「暗君《あんくん》」と評された。

綱吉の暗君、悪者のイメージをつくった原因がもう1つある。ご存知「忠臣蔵」ドラマの端緒となった江戸城・松之廊下の刃傷《にんじょう》事件のあと、赤穂藩主・浅野内匠頭を即日切腹にしておきながら、吉良上野介を〝お構いなし〟（無罪放免）にしたことだ。喧嘩両成敗にしなかったこの裁定も、江戸庶民には納得がいかない〝不当〟なものであり、綱吉の支持率は急激に下がった。

「赤穂事件」については別項に譲るとして、ここでは生類憐みの令について見てみると、その内容がひどい。

一例をあげれば、元禄元（1688）年、永井主水《もんど》という武士が下城の途中で数匹の犬に吠えまくられた。忠実な従者が主人を守ろうと木刀を振り回して犬を追い払おうとすると、下手な鉄砲も数撃てば当たるというように、1匹の犬に見事命中。犬は死んでしまった。この現場を町廻りの同心に見られ、従者は斬罪、主水は八丈島に流された。

その後、綱吉は犬だけでなく、猫も鳥も魚も、さらには金魚や蝿、蚊、ノミ、シラミまで憐れむ始末。頬に止まった蚊を叩き殺して流罪になった小姓、燕を吹き矢で吹き殺して斬罪になった武士など、続々と処罰される者が出た。この悪法は20年以上も施行され、その間に多くの武士や町人などが処罰された。同法令が廃止されたあと、牢から解放された処罰者だけでも約5万人もいたというからおどろきだ。

生類憐みの令の目的は江戸の治安維持だった

生類憐みの令は人間より犬を大切にした天下の悪法であり、それを発令した綱吉は暗君とするのがこれまでの通説である。ところが、近年、生類憐みの令の見直しが進み、それにともない綱吉の治政についても一定の評価が与えられるようになってきた。

見直しの典型的な例としてあげられるのが、前述した僧・隆光の話。この話の典拠とされるのは『三王外記《さんのうがいき》』という書だが、これは主に綱吉の噂話からなる文献であり信憑性が低いものだった。

それよりもはるかに信憑性の高い隆光自身による『隆光僧正日記』に、この話は記されておらず、隆光が「生き物を愛護しなさい」といったという話は創作の可能性が高いのだ。

また、これまでわれわれは、なんの疑いもなく「生類憐みの令」と口にしてきたが、実はそういう名称の法令はなかった。生類憐みの令とは綱吉の将軍時代に発令された生類保護に関する種々の法令の総称であり、そのはじまりさえ明らかでないのだ。

そして、悪法といわれた法令の目的についても、実は綱吉は当時の江戸が抱えていた社会問題を解決するために発令したという見方がある。

綱吉の将軍就任当時の江戸は人口が急増し、町人は狭い土地に追いやられた。多くの庶民は劣悪な環境のもとで暮らし、貧困家庭が多発して捨て子が増えた。また、町中にはゴミが捨てられ、疫病が発生。捨てられたゴミは野犬の餌となって野犬も増え、町中で人を襲い、捨て子を食い殺すようにもなった。そんな野犬を退治してくれたのが「かぶき者」とよばれた無頼者たちだったが、しょせんは町の鼻つまみ者で、野犬を斬ったり食べたり、町中で乱暴狼藉を働いた。

綱吉はこれらの江戸の諸問題を一気に解決する政策として、生類憐みの令といわれる生類保護に関する法令を思いついたというのだ。綱吉の描いたロードマップ（行程表）は次のようなものだった。

犬をはじめ生類の殺生・虐待を禁じることで、野犬を斬り殺したかぶき者を大量に検挙し、町から鼻つまみ者を一掃する。また、野犬を保護して犬小屋に収容することで、人や捨て子が野犬に襲われることがなくなる。

事実、その後の江戸の町は綱吉が考えたように治安と安全が確保された。その一方で綱吉は役人に対して、捨て子の養育や貧困な親に代わって子どもの世話をすることを命じた。

結局、生類憐みの令は綱吉が犬（野犬）を巧みに利用して、江戸の治安や衛生・貧困などの社会問題の解決をねらった法令であり、近年、綱吉を名君とする説も唱えられている。

ちなみに、綱吉が愛犬家だったとする根拠はなく、だとしたら、なおさら犬を保護すると見せかけていろいろ手を打ったその手腕は、なかなかのものだ。従って、綱吉を無慈悲な暗君とするのは誤解だったといわざるをえないだろう。

誤解 吉良上野介は賄賂を要求した嫌われ者

本当は…… **上野介が賄賂を要求したことが刃傷事件の原因という説は近年否定されており、彼は、領地では名君として慕われていた。**

忠臣蔵のドラマの主役は大石内蔵助であり、俳優の誰が演じるかでドラマの雰囲気も重みも変わってしまう。しかし、内蔵助同様、ドラマの成否をにぎるもう1人の〝陰の主役〟が吉良《きら》上野介《こうずけのすけ》義央《よしひさ》（「よしなか」ともいう）だ。

赤穂四十七士の敵役として十分に憎々しい演技のできる役者でなければドラ

マは盛り上がらないのだ。

そんな上野介は「天下の嫌われ者」として悪名高い人物だ。上野介の吉良家は代々、高家《こうけ》筆頭の家柄だった。高家とは本来、家系のすぐれた名家という意味だが、江戸時代には幕府の儀式典礼をつかさどる世襲の名家のことを意味し、職名にもなっていた。

役高は1500石で、1万石以上もある大名とくらべると見劣りがする。しかし、官位は大名に準じ、四位・五位の侍従、または少将にまで昇進することができた。その高家のなかでも、とくに京都（朝廷）の使節のことをつかさどる高家を肝煎《きもいり》（奥高家ともいう）といい、最も位が高かった。

吉良家は室町幕府の将軍家・足利家の一族であり、上野介の曾祖父・義定のときに高家に就任しており、上野介も19歳から高家の勤めを行っている。以来、将軍の名代として朝廷への年賀の使者を15回も務めた大ベテランとなっていた。そして、上野介の上にいた高家肝煎が亡くなり、ついに肝煎の筆頭（高家筆頭）になったのである。

また、上野介は子の綱憲《つなのり》が名門・上杉家の当主であり、高家筆頭という地位と相まってプライドを鼻にかけ、勅使の御馳走役（饗応役）に任命された大名に対して驕慢な態度をとった。さらに、賄賂を要求して私腹を肥やし、その額が少ない者には指導をしなかったり、でたらめな指導で恥をかかせたり〝意地悪〟をしたとされる。

ところが近年、上野介の評価は変わってきているという。「赤穂事件」についても、上野介が要求したとされる賄賂は当時の慣例であり、不正という認識はなかったと見られている。

かりに意地悪が史実だったとしたら、それが原因で大事な儀式に粗相があることが十分考えられる。そうなったときの責任は御馳走役だけではすまない。いちばん重い責任を問われるのは指導する立場にあった上野介自身なのだ。つまり、上野介が賄賂の多寡によって意地悪をしたというこれまでの定説は誤解だったとしか考えられないのである。

では、素顔の吉良上野介とはどんな人物だったのだろうか。上野介の領地は三河国吉良荘（愛知県吉良町および西尾市の一部）だったが、領地は毎年のように洪水が発生して農作物に被害が出た。農民らが困り果てていると、領主である上野介は自ら費用を出して堤を築いた。以来、吉良荘は豊作が続き、領民たちは「黄金堤《こがね》」とよんだとされる。

上野介は新田開発にも資金を投入。開発された新田は上野介の妻である富《と》子《み》の名にちなみ「富好新田《とみよし》」と名づけられたほか、塩田開発にも力を入れた。こうして上野介は、地元では名君として領民から慕われていたという。

上野介は領地の吉良を訪れると、吉良家の菩提寺である華蔵寺《けぞうじ》に立ち寄り、庭を眺めては茶を点てたり歌を詠んだりしたともいわれ、風雅なお殿様の一面もあった。

おそらく赤穂四十七士の討入りがなければ、上野介はこんなにまで悪名高い人物として後世にまで伝えられることはなかっただろう。その意味では、嫌われ者の上野介は、忠臣蔵のドラマに感動してきた多くの日本人がつくり上げたものなのかもしれない。

誤解

柳沢吉保は徳川綱吉の無能なイエスマン

本当は……

吉保は幕政では実績をのこせなかったが、川越藩主・甲府藩主としては実績をのこし、甲府では善政として仰がれた。

江戸幕府5代将軍・徳川綱吉の側近として知られる柳沢吉保《やなぎさわよしやす》（1658～1714）は、側用人《そばようにん》・老中として権勢を誇るほどの実力者だったが、その評判はあまり良くない。なぜなら、「生類憐みの令」をはじめとした綱吉の悪政を実行した張本人と目されているからだ。

柳沢氏は甲斐国（山梨県）の出身で、元は武田氏の家臣だった。武田氏の滅亡後、吉保の父・安忠が徳川氏につかえ、館林（群馬県館林市）藩主・綱吉の家臣となった。

吉保は初名を房安・保明といって、幼少から綱吉の小姓として近侍《きんじ》したが、以来、側近として生涯、将軍に寄り添うようにつかえた。その忠誠心はハン

柳沢吉保が下屋敷として与えられた地に作庭した六義園（東京都文京区）

パではなく、綱吉の信任も厚く、寵愛された。一説には、綱吉の男色の相手だったともいわれる。

そんな吉保だっただけに、綱吉が将軍に就任すると、すぐに幕臣になって小納戸《こなんど》役から側用人に昇進。さらに川越（埼玉県川越市）藩主・老中格を経て、元禄11（1698）年、老中上座（大老格）に就任した。そして、同14（1701）年、吉保は綱吉から松平姓と綱吉の諱《いみな》の1字を与えられ、吉保と名を改めている。

吉保はこの異例の昇進を遂げるために、全財産を費やして屋敷を綱吉好みに建て替え、綱吉好みの美人を何人も引き合わせた。そこで綱吉の目にとまって側室になった女性は自邸に住まわせ、そうすることで綱吉が何度も足を運ぶようにした。さらに、吉保は出世のためなら自分の愛妾《あいしょう》（妻ともいわれている）さえ綱吉に差し出したといわれ、吉保の長子・吉里《よしさと》は綱吉のご落胤《らくいん》だという説もある。

こうして綱吉の歓心をかって出世した吉保は、江戸中期の儒学者、新井白石《あらいはくせき》が自著『折りたく柴の記』のなかで「老中は誰も、吉保の近くでつかえる人のなかから任命され、天下の大事も小事もすべて吉保の思いのままになっている」と批判するほど幕閣内一の権力者になった。

つまり、吉保は綱吉の典型的なイエスマンであり、綱吉の厚い信任を笠に着て専横なふるまいをした嫌なヤツだったというのが、これまでの定説だ。

また、吉保は自分から何か新しいことを立案したり提言したりする能力がなく、政治家としては無能だったともいわれている。

しかし、そうした吉保に対する評価は、誤解だったといっていい。たしかに吉保は、悪法といわれた生類憐みの令の発令にさいしては、自らの意見を主張することもなく綱吉のいうままに動いた。まさに、悪法の実行犯だ。

そのくせ、綱吉の死後、『憲廟実録《けんびょうじつろく》』という綱吉の伝記を編纂したさいには、生類憐みの令について「庶民の仁心を願って発令したものであり、元来、それほど厳しい法令ではなかったのに、予想外の結果になってしまったのは、私らの責任である」と述べている。

自分にも責任があるといってはいる。一応、反省もしている。しかし、それなら、もっと早く法令を廃止して欲しかったと誰もが思う。

ということで、幕閣としての吉保の実績には見るべきところがないが、大名としては実績をのこしている。元禄7（1694）年、川越藩主になると、就任早々、川越藩と幕領・旗本領の農民との間で争論が生じたが、吉保の尽力によって川越藩が勝訴。その後、吉保は、野火止《のびどめ》と柳瀬川《やなせがわ》をはさんだ北方の未開発地・地蔵野《じぞうの》を開発した。

宝永元（1704）年、吉保は甲府藩に転封となったが、ここでも甲府城や城下町の整備・検地・利水事業などに実績をのこし、領民に重税を課すことがなかったので、領民からは善政を行った藩主として仰がれている。

結局、吉保は幕政では綱吉の陰に隠れて力を発揮できなかったが、藩政では思いどおりに政策を実行し、名君として名をのこしたのである。人は誰も、自分の居場所があるということだろうか。

誤解

荻原重秀は貨幣改鋳で世のなかを悪くした

本当は……

重秀が進言した貨幣改鋳策によって、文化史上にのこる元禄文化が生まれるなど、重秀は財務に秀でた能吏だった。

教科書の元禄時代の記述に必ず登場する荻原重秀《おぎわらしげひで》（1658〜1713）の評判は良くない。重秀は5代将軍・徳川綱吉の時代に勘定吟味役（のちに勘定奉行）として幕府の財政を一手ににぎった財務のエキスパートだ。

当時、幕府の財政は綱吉の前の家綱の時代から逼迫していたが、綱吉の時代になるとさらに悪化。すると重秀が、赤字財政を補填するための〝妙案〟を上申した。世に悪名が高い貨幣改鋳策である。

重秀が考えた妙案の〝妙〟な部分は次のようなものだった。金の純度約84％の慶長小判を約57％の元禄小判に、銀の純度約80％の慶長銀を約64％の元禄銀に、それぞれ改鋳する。そして、良貨の慶長小判や慶長銀を回収するために、悪貨の元禄小判や元禄銀と引き替えさせる。

さらに、元禄銀を改鋳して純度50％という質の低い銀貨や、実際の重さは寛永《かんえい》通宝5枚分しかない（つまり、5文《もん》の価値しかない）1枚10文という大型の銅銭をつくる。

この妙案によって幕府は悪貨を発行して良貨を回収したが、経済学を学んだ人なら誰でも知っているように貨幣価値が下がった。金銀の交換基準は乱れ、健全な流通ができなくなり、物価は上昇。インフレとなって庶民の生活は苦しくなり、重秀の貨幣改鋳は江戸幕府の悪政の1つとして後世まで伝えられた。

のちに6代将軍・家宣《いえのぶ》の側近として活躍した儒学者・新井白石は「重秀が幕府の財政を担当するようになってから、家康以来の良法はどれも守られなくなり、国民が怨み苦しむようなった」と非難。重秀を罷免させるために弾劾書を書いたが、そのなかで「共に天を戴《いただ》かざるの仇《あだ》」とまで記しているほど、白石は重秀が大嫌いだった。後世、重秀の評判が悪くなったのは、この白石の重秀に対する執拗な攻撃のせいでもある。

ところが、近年、重秀の貨幣改鋳策に対する評価が見直されるとともに、重秀の評価も改められつつある。日本を含め現代の先進国の経済政策を見てもわかるように、物価上昇・インフレは必ずしも世の中にとって悪いわけではない。むしろ、物価下落・デフレのほうが問題になることがある。

綱吉の時代、いわゆる元禄時代の好景気は昭和61（1986）年から平成3（1991）年までのバブル景気（平成景気）によく擬せられ、「元禄バブル」とよばれる。

平成バブルのときに公共事業によって大型工事が頻繁に行われたように、元禄時代も大型官営工事が次々と発注された。そして、寺社の修築・造営工事によって紀文こと紀伊国屋文左衛門《きのくにやぶんざえもん》や奈良茂《ならも》こと奈良屋茂右衛門《ならやもえもん》などの豪商・富商らに多額の金が流れていった。

そんな時代の貨幣改鋳はたしかに物価上昇・インフレを招き庶民生活を困窮させたが、豪商・富商らが儲けた巨万の富は一気に目減りした。すると、彼らが「これでは蓄えておいても資産が減る一方だ。いまのうちにどんどんつかってしまえ」と考え、財布のひもをゆるめたのだ。

そのなかには紀文や奈良茂のように遊里の大尽遊びに浪費する者もいたが、文化・文芸の世界におカネをつかった富裕者も多数いた。そうした富裕層の消費によって生まれ、発展したのが、文化史上にのこる元禄文化という華麗な文化である。

当時、重秀は勘定吟味役として、もう1つ大きな問題を抱えていた。戦国時代に松永久秀《まつながひさひで》によって焼かれた東大寺大仏殿の再興という一大事業の財源をなんとかしなければならなかったのだ。
幕府に工事費用はなく、そこで重秀は工事の設計を改めて見直し、ここでも妙案を思いついた。大仏殿の大きさを焼ける前のものの11分の7程度に圧縮して、その分、工事費用を大幅に節減。その費用を全国の代官、大名に指示して集めさせ、大仏殿は無事落慶した。
重秀はこれまで誤解されてきたが、その素顔は財務に秀でた能吏《のうり》だった。これからは、東大寺の大仏を拝むたびにその名を思い出してあげれば、重秀も喜ぶにちがいない。

誤解

田沼意次は極悪な賄賂政治家

本当は……

意次の時代には、人の世話をしたら礼を受け取るのはあたりまえという風潮があり、賄賂政治家という批判は当たらない。

世のなかに政治家や役人がいるかぎり、賄賂はなくならない。テレビや新聞・ネットなどで贈収賄の事件が報道されるたびに思い出される江戸時代の政治家がいる。日本史のなかで「賄賂政治家」を代名詞のようにしてしまった田沼意次（1719～88）である。

田沼意次の肖像画（牧之原市史料館所蔵）

　意次は600石の旗本・田沼意行《おきゆき》の子として生まれた。9代将軍・家重《いえしげ》の小姓になったあと、家督を継いで順調に昇進する。明和《めいわ》2（1765）年、「役人の子はにぎにぎをよくおぼえ」という川柳が世に出た2年後、賄賂によって出世した意次は側用人に昇進する。その後、老中になって幕府の実権をにぎった。

幕府の最高実力者になった意次のもとには、毎日、早朝から訪問客が列をなすようになった。いうまでもないが、彼らは朝の挨拶をするために訪れたわけではない。時の権力者に近づくことで、いろいろと便宜をはかってもらうために競うように訪れた。

そのためには手ぶらで行くわけにいかないので、何がしかの金品を持参した。意次もそれまで出世のために費やしてきた金品を取り返すかのように、いただくものは何でもいただいた。その結果、意次の屋敷の廊下には客からの贈答品がうず高く積まれた。

意次は〝賄賂の山〟ともいうべき贈答品の山積みを眺めて、「金銀は人の命にかえられないほどの宝なり。その宝を贈ってでも御奉公したいと願うほどの人であれば、志は忠であることは明らかだ。その志の厚い薄いは贈り物の多少にあらわれる」と公言していたから、どうにも手がつけられない。金品の付け届けは当たり前といわんばかりだ。

賄賂をつかって頼みごとをするほうにも問題があるが、そのなかには、のちに意次の賄賂政治を批判した、清廉潔白で知られる松平定信もいた。定信もまた幕閣の一員になるために、意次に賄賂を贈ったのだ。

意次を賄賂政治家と批判する説は、以上のような話を根拠とするが、実は意次ほど評価が分かれる政治家はめずらしく、極悪政治家といわれる一方で、開明的、革新的な政治家とする見方もあるのだ。つまり、後者の説に従えば、意次を極悪政治家と見るのは誤解ということである。

その根拠は、次のようなものだ。まず、意次が権勢を誇った時代には、人の世話をしたら謝礼を受け取るのはあたりまえのことであり、現代でいう賄賂に対して罪の意識がなかった。意次もそうした当時の礼儀にならっただけというわけだ。

そして、近年は、幕府の財政を建て直すために商業資本を利用して、印旛《いんば》沼《ぬま》や手賀沼の新田開発、鉱山開発など経済活動を活発に行ったことが評価されている。

意次は当時の新知識を吸収するために青木昆陽《あおきこんよう》や平賀源内《ひらがげんない》など専門家や知識人を自分の屋敷に招いて話を聞くこともしており、現在では、幕政改革をめざした有能な政治家だったという見方が有力である。

第4章

細川ガラシャは、自害当時、すでに夫を嫌っていた⁉

賢女・悪女編

誤解

藤原薬子は上皇の重祚をはかり挙兵を企てた

本当は……

近年の研究によれば、事件を主導したのは薬子ではなく平城上皇だとする説が有力で、事件名も改められつつある。

〝事件の陰に女あり〟といわれるように、犯罪や内紛など事件の真相を追及していくと、表面的には事件の主役（主犯）は男性に見えていたものが、実はその男性を操っていたのは女性だったということがよくある。日本史の数ある事件・内紛・争乱のなかにも、そんなケースがいくつもあるが、第1章でふれた平安時代の初期に起きた「薬子《くすこ》の変」もその1つだ。

事件名に名前を付されたように、この事件の陰でいろいろ企てたといわれてきたのが、高級女官の藤原薬子（?～810）である。薬子は桓武《かんむ》天皇の信任が厚かった藤原種継《たねつぐ》の娘であり、結婚して3男2女をもうけ、長女が皇太子の安殿《あて》親王の妃となった。その後、宮中につかえると、次々と要職につき、みるみるうちに昇進した。

その原因が娘の入内《じゅだい》にあることはもちろんだが、それだけではなかった。安殿親王が、よりによって妃より妃の母親の薬子を気に入ってしまったのだ。2人の関係は桓武天皇の知るところとなり、桓武は怒って薬子を宮中から追い出したが、そこは悪名が高い悪女だけあって、悪運も強かった。大同《だいどう》元（806）年、桓武が崩御し、安殿親王が即位（平城《へいぜい》天皇）すると、兄の仲成《なかなり》とともに権力を掌中にしてしまった。

大同4（809）年、平城天皇が弟の皇太子・神野《かみの》親王に譲位（嵯峨《さが》天皇）したあとも、薬子は平城上皇に従い平城宮に移り、権力を誇った。こうして朝廷権力は平安京の嵯峨天皇と平城宮の平城上皇の間で政治的対立が生じ、「二所朝廷」とよばれた。

翌年の弘仁《こうにん》元（810）年、薬子と仲成は平城上皇を再び天皇にしよう（重祚）とはかり挙兵を企てたが、嵯峨天皇が迅速に制圧にあたると、平城は出家。仲成は射殺され、薬子は自殺した。

薬子の変とよばれてきたこの事件は、平城天皇（上皇）を色香で惑わし、その寵愛を得て権力を握った薬子が、平城の譲位後に重祚させるために企てた事件と伝えられてきた。つまり、悪いのは薬子であり、何もわからない若い平城を陰で操り、権力を拡大しようとした張本人というわけである。

ところが、近年、この定説は見直されつつある。事件を主導したのは平城上皇本人であるという説が有力になっているのだ。このため、教科書も従来の薬子の変から「平城上皇の変」あるいは「平城太上天皇の変」とするものが出てきた。

こうなると、かわいそうなのは薬子である。長い間、事件の首謀者として古代の悪女として誤解されてきたのだ。もちろん、平城上皇に従ったのは事実だから、その罪は免れないが、すべての罪を自分に押しつけられてきた薬子はさぞかし腹立たしかったにちがいない。

事件の陰に女ありも否定できないが、〝歴史が悪女をでっち上げる〟もまた否定できない。

誤解

紫式部と清少納言は仲が悪かった

本当は……

紫式部は『紫式部日記』のなかで清少納言を非難しているが、2人が宮中に仕えた時期は異なり、出会うことはなかった。

近年、めったに見ることがなくなった2000円札。その裏面に印刷されている女性の肖像が、紫式部《むらさきしきぶ》であることを知っている人は意外に少ない。しかし、紫式部の名は日本人であればほとんどの人が知っている。平安時代中期の女流文学者で、日本古典文学の最高峰といわれている大作『源氏物語』を書いた女性だ。

紫式部の生家は代々学者が出た家で、父親の藤原為時《ふじわらのためとき》も中級の官吏でありながら漢文に精通した学者でもあった。そんな家系のなかで生まれ育った紫式部は早くから才能を発揮し、子どものころ、兄弟が父親から漢籍を学んでいるのをそばで聞いて、兄弟よりも先に暗誦できるようになったという。

この紫式部に負けず劣らぬほど、才女・賢女の誉《ほま》れが高いのが清少納言《せいしょうなごん》だ。清少納言の家も代々、歌人・学者の出た家系で、曾祖父の清原深養父《ふかやぶ》は『古今和歌集』時代の歌人、父・清原元輔《もとすけ》は『後撰和歌集』の撰者の1人。こちらも父の教育を受けて、和歌に漢文に才能を発揮した。

2人はともに一条天皇の中宮《ちゅうぐう》（天皇の妃）につかえた。紫式部は藤原道長の娘・彰子《しょうし》に、清少納言は藤原道隆の娘・定子《ていし》につかえ、中宮の〝教育係〟のようなことをした。2人とも生没年は不詳だが、清少納言のほうが紫式部より6〜7歳年上だったといわれている。

2人の関係はよろしくない。紫式部は『紫式部日記』に同時代の有能な女流文学者や歌人について批評しているが、清少納言を「なんでも知っているような顔をしたとんでもない人です。さも私は賢いというふりをして、漢学の知識をひけらかしていますが、よく見れば、未熟なところが多いのです」と年長者を敬《うやま》う気配はまったくない。

この紫式部の負けず嫌いな性格から、2人は仲が悪く、宮中でも顔を合わせれば「フン」と顔をそらして対立していたと思っている人も多いようだ。

しかし、長保《ちょうほう》2(1000)年に定子が亡くなったあとの清少納言の動静は不明だが、致仕《ちし》(官職から退く)したものと考えられている。一方の紫式部が彰子につかえたのは、長保3(1001)年に夫の藤原宣孝《のぶたか》と死別してから数年後のことといわれている。つまり、2人の出仕は重なっていなかった可能性が大きく、宮中で顔を合わせることもなかったと考えられるのだ。

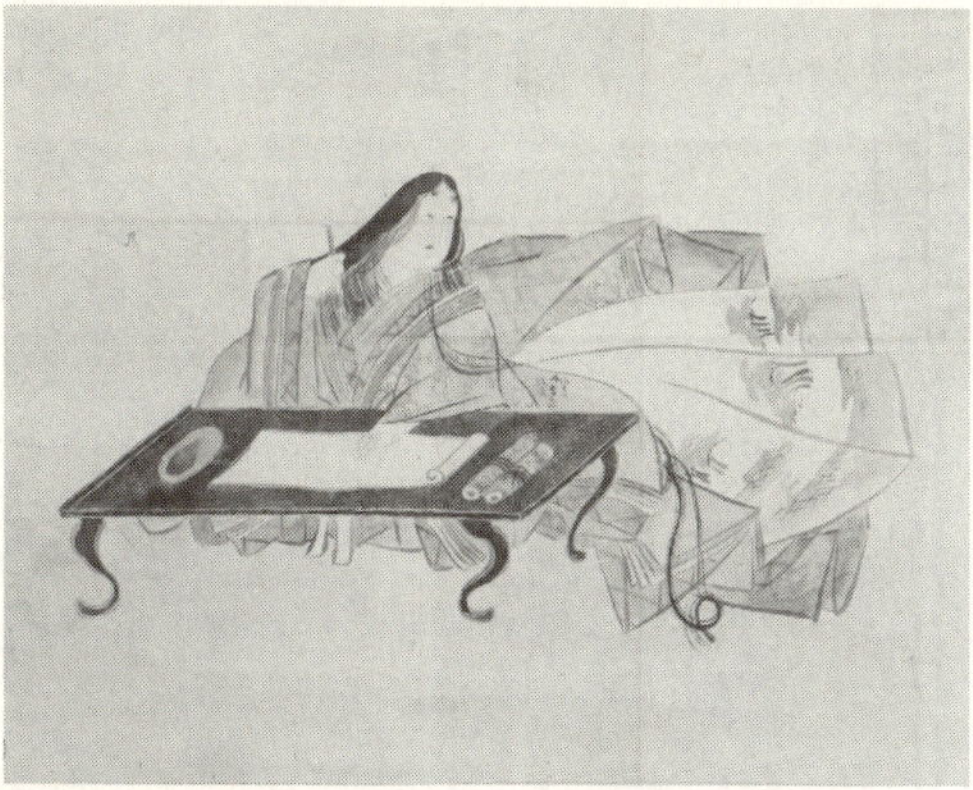
紫式部(国立国会図書館所蔵『抱一応挙等粉本』より)

実際、清少納言のほうは紫式部など眼中になかったかのように、とくに紫式部についてコメントしていない。それに対して紫式部は清少納言をかなり意識し、ライバル心をむき出しにしていたというのが事実のようである。

ちなみに、紫式部は時の権力者、藤原道長から言い寄られたことがよほどうれしかったと見えて、『紫式部日記』に自慢げに記している。しかし、一説には道長が紫式部に声をかけたのは、本心ではなくたわむれだったが、紫式部が勝手に舞い上がってしまったともいわれている。真相は不明だが、紫式部が自意識の高い女性であったことはまちがいなさそうだ。

誤解

絶世の美女・小野小町は全国をめぐり歩いた

本当は……

小町が美女だったという確たる証拠はなく、また、全国にのこされた小町伝説や史跡は、その多くが小町本人のものではない。

新幹線の「こまち」号は東京・秋田間を結び、「あきたこまち」は秋田米の代表的なブランドであり、「こまち」といえば秋田県という印象がある。「こまち」はいうまでもなく、平安時代の女流歌人・小野小町（生没年不詳）のことであり、秋田県湯沢市で生まれたともいわれている。

小町の名がいまでもよく知られているのは、その美貌にある。「物によくよくたとふれば、春の花、秋の月ぞと、織姫か、衣通姫《そとおりひめ》か、小野の小町か、楊貴妃《ようきひ》か」といわれたような美女だったという。

衣通姫は古代の允恭《いんぎょう》天皇の皇后の妹で、衣通郎姫《そとおしのいらつめ》とも弟姫《おとひめ》ともいった。その容姿は絶妙で、麗しい体の輝きが衣を通して外に現れたという。それで衣通姫、衣通郎姫というわけだが、かなりの美女だったにちがいない。

小町はまた、クレオパトラや楊貴妃と並んで〝世界の三大美女〟の1人に数えられている。しかし、写真のない時代のこと、小町がどのくらい美しかったかを証明できる確たる証拠はない。

小町美女説の根拠としてよくあげられるのが、深草少将の「百夜通い」の話。京の深草に住む少将が小町に会うために百夜通いをはじめたが、九十九夜通ったところで命を落としたという。

男が命がけで会おうとしたのだから小町は美人だったにちがいないというわけだが、この話は伝説であり、小町美女説の根拠としては説得力が弱い。

それにくらべると、同時代の著名な歌人・紀貫之《きのつらゆき》の文章のほうが説得力があるかもしれない。貫之は『古今和歌集』のなかで、小町を前述した衣通姫の流れ（系統）とし、「あはれなるやうにて、強からず。いはば、良き女の、悩めるところにあるに似たり」と記している。

しかし、蓼《たで》食う虫も好き好きということわざもあるように、人の好みは千差万別。たまたま小町が貫之の〝タイプ〟だったということも考えられる。

結局、古来の言い伝えを信じれば小町は美女だったといえるが、たしかな証拠はなく、小町がどれだけ美しかったかはよくわからないのだ。

小町は超人的な脚力で全国を駆けめぐった!?

小町の生誕地といわれる湯沢市小野には、小町にまつわる史跡や伝承がのこされているが、実は、湯沢市だけではなく小町の足跡を示す「小町井戸」「小町塚」「小町堂」などの史跡は全国各地にある。

いま、それらの史跡を小町が本当にめぐり歩いた跡と考えて整理したら、小町は松尾芭蕉もびっくりするほどの健脚だったことになる。日本全国の山野を超人的な脚力で駆けるようにして歩いている姿は、美女・小町のイメージにそぐわないが、そうでもしないと回り切れないはずなのだ。

狩野重信が描いた小野小町（談山神社所蔵『三十六歌仙扁額』より）

では、なぜ全国に小町の史跡や伝承が数多くのこされているのか。その謎を解く鍵は「小町」という名にあった。

「小野」は古代の氏族に由来する姓だが、小町は特定の女性の名前ではないという説があるのだ。

この説によれば、小町の「マチ」や「マツ」は神事に携わる者を意味する「マウチギミ」に由来し、全国を渡り歩いた尼や巫女《みこ》のような宗教関係者の通称だったという。

つまり、全国各地を歩き回った大勢のマウチギミが、行く先々で名を求められたときに、美女と評判の小野小町にあやかり、「小野小町と申します」とちゃっかり詐称したことから小町の史跡・伝承があちらこちらにのこされたのである。

なお、小町の晩年は一転してみじめなものとして伝えられている。『玉造《たまつくり》小町壮衰書《こまちそうすいしょ》』や謡曲の『関寺《せきでら》小町』『卒塔婆《そとば》小町』『鸚鵡《おうむ》小町』などによると、晩年の小町は落ちぶれて容色も衰え、諸国を流浪したのち路傍で野垂れ死にしたという。

もっとも、これも確証がある話ではなく、美人の小町にふられた男たちの腹いせから出たつくり話といえなくもない。だとすると、逆説的に小町はやはり美女だったことになるのだが……。

誤解

日野富子は「守銭奴」とよばれた悪女

本当は……

富子にまつわる「守銭奴」や不倫などの悪評はいずれも根拠がないものばかりであり、実はごくふつうの女性だった。

古都・京都には金閣寺（鹿苑寺《ろくおんじ》）と銀閣寺（慈照寺《じしょうじ》）があり、金閣寺の舎利殿（金閣）がきらきらと金色に輝いていることから銀閣寺の観音堂（銀閣）も創建当時は銀色に輝いていたと信じている人がいるという。しかし、それは誤解で、銀閣寺は当初から輝いてはいなかった。もっとも、一説には当初は外壁に銀箔を貼る予定だったとも、陽が当たって銀色に輝いて見えたともいわれている。

銀閣寺を創建したのは室町幕府8代将軍・足利義政だが、その妻は史上「悪女」として名高い日野富子《ひのとみこ》（1440～96）である。富子が悪女とよばれる要因となった〝罪状〟はいくつもあり、列記すれば、次のようになる。

①「応仁の乱」（応仁・文明の乱）をひき起こした、②高利貸しをして「カネの亡者」となった、③義政の側室・お今《いま》を追放、殺害した、④後土御門《ごつちみかど》天皇と不倫した。

①の件は、義政と富子との間に子ができなかったため、義政が弟の義視《よしみ》を次期将軍として後継者に選び、細川勝元《かつもと》を後見人としたことにはじまる。ところが、義視の元服の式を挙げた（将軍職相続の資格を取得）3日後に富子に男子が生まれ、事態は一変。富子が実子・義尚《よしひさ》を将軍にしようとしたため、義政・勝元と富子・山名宗全《やまなそうぜん》（義尚の後見人）が対立し、応仁の乱をひき起こしたというのだ。

②の高利貸しの件は、富子が大名に高利でカネを貸したり、コメ相場に手を出したりして蓄財に励んだため、「守銭奴」「カネの亡者」と非難されたことをいう。

③の側室・お今の件は、富子は義尚の前に女児を出産しているが、まもなく死んでしまった。すると富子は、死因はお今が呪ったからだと騒いで、義

政にお今を追放させ、あげく殺害してしまったという。

④の不倫の件は、実は、義尚は後土御門天皇との間にできた不倫の子だという噂である。

これらの罪状がすべて史実であれば、たしかに富子は悪女の名に値する。しかし、③のお今殺害と④の不倫の件は噂のたぐいの話で、たしかな根拠はない。また、①の応仁の乱についても、直接の原因は富子の出産に先立つ畠山家と斯波《しば》家の家督争いに細川・山名両家がからんだことといわれており、富子がひき起こしたというのは〝言いがかり〟のようなもの。②の高利貸しの件も、富子が蓄財に励まざるをえなかったのは、義政が「風流人」を気取って浪費したからという指摘があるのだ。

結局、富子の悪女説は誤解だった可能性が高く、非難されるべきは夫のほうだったという、現代にもよくある話というのが真相のようだ。ちなみに、義政は富子に愛想をつかして家を出てしまい、夫婦は別居することになったが、義政の別居先が世界遺産の銀閣寺というのも、なんとも皮肉である。

誤解

女領主・井伊直虎は井伊直政の実母

本当は……

直虎は、井伊直政の父・直親とは幼いころに許嫁の関係にあったが、その後に出家しており、直政の実母ではなかった。

近年、諸外国には女性の大統領や首相が数多く誕生し、いまではめずらしくなくなった。しかし、日本の戦国時代に〝女領主〟〝女当主〟がいたという話には多くの人がおどろいたはずだ。

幕末の大老・井伊直弼《いいなおすけ》で知られる「井伊家」の22代当主・井伊直盛《なおもり》の娘・直虎《なおとら》がその女性である。直虎という名前から男性だと思ったら、まさに誤解で、れっきとした女性であり、次郎法師ともいった。

もっとも、平成28（2016）年12月15日付の朝日新聞によれば、井伊美術館（京都市東山区）の井伊達夫館長が、直虎は次郎法師ではなく、いとこにあたる井伊次郎という別の男性だった可能性を示す史料を発見したというが、そうなると、女性という説が誤解になるかもしれず、直虎は男だったのか女だったのか、わけがわからなくなりそうだ。

しかし、本稿では通説に従い、女性だったとして論を進めたい。そして、ここで誤解として取り上げるのは、直虎と「徳川四天王」の1人、井伊直政との関係だ。直政は井伊家の24代当主であり、2人の関係を親子（実母と子）と思っている人もいるが、それは誤解である。

直虎の生年は不明だが、幼少のころに同じ一族の井伊直親《なおちか》の許嫁《いいなずけ》になった。そのまま無事に2人が成長すれば、直盛は男子がいなかったので直親に家督を継がせるつもりだった。そうなれば、直虎は直親の妻としての人生を送っていたはずである。

ところが、天文《てんぶん》13（1544）年、直親の父・直満《なおみつ》が井伊氏を支配していた今川氏に殺され、直親（幼名・亀之丞）は信州に身を隠した。直親はその後、結婚して虎松（のちの直政）をもうけたが、直虎は直親が死んだものと思い、出家して次郎法師と称していた（出家の理由については異説もある）。

永禄《えいろく》5（1562）年、直親が今度は本当に謀殺され、気がつけば井伊氏の家督を継ぐ男子は虎松1人しかいなくなっていた。しかし、虎松はまだ幼く、井伊氏は存続の危機に直面した。

そこで、次郎法師が虎松の後見人となり、このとき初めて井伊直虎と名のって女領主になった。また、実質的に当主にもなり、虎松こと直政に当主を引き継ぐまで、井伊氏の存続のために奮闘した。したがって、直虎は直政の養母ではあったが、実母ではなかったのである。

卑弥呼の時代から混乱を救ってきたのは、女性の指導者だった。

誤解

細川ガラシャは夫への愛を貫き自害した

本当は……

ガラシャの夫・細川忠興への愛情は「本能寺の変」を境に冷めていき、幽閉先からもどったときには愛情は消え失せていた。

細川ガラシャ（１５６３～１６００）という名前を聞いて、日本人と外国人との間に生まれた、いわゆるハーフだと思った人もいるかもしれないが、それは大変な誤解である。

ガラシャは織田信長の部将・明智光秀の娘で、玉《たま》といった。長じて、同じく信長の部将・細川忠興《ただおき》の妻となり、のちにキリスト教の洗礼を受けて「ガラシャ」という洗礼名を与えられた。それで細川ガラシャといわれるようになったわけだが、「細川ガラシャ夫人」とよばれることもある。

ガラシャはクリスチャンでありながら、後世、日本を代表する「名婦人」「婦人の亀鑑《きかん》」といわれるようになる。亀鑑とは「人の手本」という意味だが、何が人の手本になったかというと、愛する夫のために自ら命を絶ったからである。

「関ヶ原の合戦」のさい、忠興は徳川家康率いる東軍に味方し、妻をのこして大坂から関東へと出立していた。すると、西軍率いる石田三成は忠興の妻であるガラシャを人質にしようとした。武士の妻とはいえ、夫が留守のときに押しかけられれば、無抵抗のまま捕らわれても責められることはない。

しかし、ガラシャはちがった。西軍の人質になることを拒み、館に火をかけ、自ら命を絶ってしまったのだ。通常、武士の妻が自害するときは懐剣でのどや胸を、えいっとばかりひと思いに突き刺すが、ガラシャはクリスチャンだったため、それができない。そこで、家臣に首をはねさせたとも、胸を突かせたともいわれている。

このガラシャ自害の報が関東に届くと、忠興は悲しむ一方、喜んだりもした。というのも、妻の死は悲しかったが、それによって、忠興の家康に対する忠誠心に嘘いつわりがないことが明らかになったからだ。そして東軍が勝利したあと、細川家は300年もの間、安泰となった。

まさに、ガラシャは夫のために命を捧げた名婦人・婦人の亀鑑というわけである。また、人質とされて敵将から辱《はずかし》めを受けなかったことも称賛され、「貞節な女性」という評価も定着した。

こうしてガラシャは「夫への愛を貫き自害した貞節な女性」として後世ま

で伝えられるようになったが、これは誤解である可能性が大きいという。

夫・忠興に内緒でキリスト教に入信する

イエズス会の報告書などによると、ガラシャと忠興の夫婦仲はけっして円満ではなかったようで、もしも当時、ガラシャに宣教師が「アナタハ、イマシアワセデスカ？」とたずねていたら、「いいえ」と答えていたらしいのだ。

もちろん、結婚当初は幸せだったにちがいないが、それから4年後に起きた「本能寺の変」が2人の関係を変える。本能寺の変で、ガラシャの父・光秀が主君・信長を討ったため、ガラシャは一夜にして「逆賊の娘」となり、ついでに忠興も「逆賊の娘の夫」になってしまった。

このままでは細川家の存続が危ぶまれると思った忠興は、なんと、ガラシャを丹波国の山奥に幽閉してしまったのだ。現代であれば、なんてひどい亭主だと非難されて当然だが、戦国の世では妻よりも家名存続のほうが大事だった。また、ガラシャとしても自分の父親のせいで夫に迷惑をかけたという思いがあり、幽閉されてもしかたがないと思ったのではないだろうか。

こうして2人は2年間、離ればなれに暮らしたが、この間に忠興はちゃっかり別の女性と関係していた。そんなこともあって、のちにガラシャが幽閉先からもどったときには2人の間には深い溝ができ、夫婦関係は冷めていた。それを裏づけるエピソードも伝えられている。

あるとき、忠興はガラシャの目前で、出入りの職人の首を無作法があったとの理由で斬り落とし、刀の血をガラシャの着物でぬぐった。彼女が顔色を変えず平然としていると、忠興は「おまえは蛇のような女だ」といったという。

その後、ガラシャはキリスト教への信仰を深め、忠興に内緒で入信。時は秀吉がキリシタン禁制を布告し、取締りを強化した矢先である。忠興にどんなおとがめがあるかわからない危険な入信であり、ガラシャの忠興への愛情がもはや消え失せていたことがわかる。

このガラシャの一連の行動からして、自害は夫への愛を貫くためのものではなかった、というのが真相のようだ。昔もいまも妻を怒らせた夫は、あとでどんな仕返しをくらうかわからないのである。

誤解

本当は……

山内一豊の妻は夫の望みのために大金を出した

一豊の妻・千代は、夫が名馬を買うことで、その噂が主君・織田信長にも届き、夫の出世につながると考え、大金を差し出した。

近年は結婚後、夫が出世したり何かで成功したりすると妻を〝あげまん〟といってほめ、逆の場合には〝さげまん〟といって非難する。あげまん・さげまんは結果論であって必ずしも夫のために何かをするかしないかは関係がないが、かつてよくつかわれた「内助の功」は、外で働く夫を家にいる妻が内から助けることをいった。

この内助の功ということばが代名詞のようになった歴史上の女性がいる。土佐（高知県）藩初代藩主・山内一豊《やまのうちかずとよ》の妻、千代（1557～1617）である。

千代は近江国小谷《おだに》（滋賀県長浜市）城主・浅井長政《あざいながまさ》の家臣の娘として生まれ、一豊の妻となったが、生活は貧しかった。

そんな貧乏夫婦に転機が訪れたのは、ある日、織田信長の居城・安土城下に商人が名馬を売りに来た。一豊は一目見るなり、その名馬を欲しくなったが、禄《ろく》（給与）が少なく買うことができない。

すると、夫の姿をいじらしく思った千代がヘソクリの黄金10枚を差し出したのだ。そのカネは千代が嫁に来るときに、親から手渡された何かのときにつかうための10両だった。一豊がその10両で名馬を買うと、その噂は早速、主君・信長の耳に届き、「もしもわしの城下で誰も名馬を買わなかったとしたら、織田家の恥となるところだった。よくぞ、それを防いだ」ということで、一豊はほめられ、以来、出世街道を突き進んでいった。

こうして千代は夫の出世を助けたことから、「妻の鑑」「賢夫人」と後世まで称えられることになったという。

以上が、巷間伝えられてきた千代の内助の功の物語だが、実際に一豊が名馬を購入したのは安土城下ではなく、天正《てんしょう》9（1581）年2月、信長が京で「馬揃え《うまぞろえ》」を開催したときのことといわれている。

馬揃えとは奥州をはじめとする全国各地から集められた駿馬を天皇・公家から一般庶民までが観賞するという一大イベントであり、このとき一豊が名馬を買うために女房の千代がカネを差し出したという。すると、後日、一豊は主君・信長から、大金をつぎこんで名馬を購入したことを武士の誉《ほま》れとしてほめられ、これを契機に一豊は出世していったという。

山内一豊の妻・千代（国立国会図書館所蔵『山内一豊夫人傳』より）

どちらも似たような話だが、史実といわれている話にも、いくつか疑惑がある。まず、史料から推測すると、天正9

年の京で開催された馬揃えに一豊は参加していなかったようなのだ。

そこで、馬揃えは一豊が初めて信長につかえたころの話とする説もあるが、一豊がつかえたのは秀吉であり、信長の直接の家臣ではなかった。

また、秀吉につかえたころの話であるとすると、そのころには一豊は400石の知行を得ており、貧乏生活とはいいにくし、千代からヘソクリを都合してもらわなくても名馬を買うことができたはずである。

ということで、この内助の功の話は後世の創作である可能性が高いが、千代が一豊に名馬を買うようにすすめたことは史実であったともいわれている。その理由は、一豊が名馬を買えば、その噂が馬好きの信長の耳にも届くことを千代が計算していたからだという。そして、信長の耳に入れば、たとえ秀吉の家臣（信長の陪臣）であっても信長の覚えがめでたくなり、出世の道が開けると考えたというのだ。

事実、一豊が購入した名馬に乗って登城すると、名馬を一目見ようとする同僚らが多数集まり、ちょっとした騒ぎになった。そして、その騒ぎは信長のところへも報告され、一豊が名馬を買ったことが信長に伝わったという。
つまり、千代は賢い女性であったことには変わりがないが、貧しい生活のなかで夫の望みをかなえるために大金を差し出したというわけではなく、もっとその先の夫の出世のことまで考えてのことだったのである。ちなみに、したたかな千代の生まれた地は、「近江商人」発祥の地でもある。

誤解

淀殿は高慢で権勢欲の強い淫婦

本当は……

淀殿は秀吉の生存中は政治に口を出しておらず、権勢欲が強かったという評価も当たらない、家臣を気遣う心のやさしい女性だった。

豊臣秀吉の側室で、秀頼の母といわれる淀殿《よどどの》（1567～1615）は「淀《よど》君《ぎみ》」ともよばれたが、おそらく当時、本人を前にして淀君といった人はいないと思われる。

なぜかというと、淀君は淀殿をこころよく思わなかった人たちがつけた俗称だからだ。当時、町の路地などに立って売春をする女性を「立ち君」といい、路地の店で売春をする下級娼婦を「辻君」といった。淀君の「君」はこの立ち君や辻君にかけたものであり、けっしていい意味ではない。

淀殿は近江国小谷《おだに》（滋賀県長浜市）城主・浅井長政と織田信長の娘・小谷の方（お市《いち》の方）との間に生まれ、幼名を茶々《ちゃちゃ》といった。天正元（１５７３）年、小谷城が落城し長政が自害すると、茶々は母や妹とともに城を出て信長の庇護を受けた。天正10（１５８２）年、母が信長の部将・柴田勝家と再婚すると、母とともに越前国北ノ庄（福井県福井市）へ移ったが、翌年、北ノ庄城が落城。母は勝家とともに自害し、茶々は今度は羽柴秀吉の庇護を受けた。

小谷の方ことお市の方は、「絶世の美女」「天下一の美女」「稀代《きたい》の美女」と、これ以上の美辞麗句があるだろうかと思われるほど絶賛された美女だっただけに、その娘である茶々も相当美しかったことは容易に想像できる。

そんな美女を前にして、好色を代名詞のようにしていた秀吉が放っておくわけがなく、案の定、側室にしてしまった。その後、茶々は懐妊し、出産の場所として秀吉に新城をねだり、山城国（京都府）に淀城を築く。茶々は淀城に移ったことから、以来、淀殿とよばれるようになったというわけだ。

このとき授かった子は残念ながら早逝したが、次にできた子が豊臣秀頼《ひでより》であり、秀吉の死後、淀殿は幼いわが子に代わって豊臣家を守るべく奮闘した。

秀吉には妻だったねい（寧、北政所《きたのまんどころ》）がいたが、豊臣家の家督を継いだ秀頼の母という立場を前面に出して、北政所と対立。

加藤清正や福島正則という並み居る豊臣恩顧の諸大名も、自分の部下のように下に見たことから、豊臣家は分裂。淀殿には石田三成や長束正家《なつかまさいえ》、増田《ました》長盛《ながもり》ら「文治派」とよばれる大名がつき、北政所には清正や正則のほか黒田長政ら「武断派」とよばれる大名がついた。

退去した片桐且元に書状を送った淀殿

豊臣家の分裂によって、豊臣家は「関ヶ原の合戦」につづき、「大坂の役」

でも徳川家康の軍勢に敗れてしまった。通説によれば、淀殿はヒステリックで猜疑心が強く、豊臣・徳川両家の間に入って交渉役を務めた片桐且元《かたぎりかつもと》が寝返ったと疑うようになり、禄を奪うなど冷たい仕打ちをしたことが原因で、且元は大坂城を退去したという。

また、淀殿には不倫疑惑があり、秀頼は秀吉の子ではなく、実の父親として三成はじめ、片桐且元や大野治長《はるなが》、名古屋山三郎《さんざぶろう》などの名前が噂された。そこで、後世、淀殿には「高慢で権勢欲の強い淫婦」のイメージが定着し、「悪女」の典型とされてきた。

ところが、権勢欲が強いといわれた淀殿だが、実は秀吉が生存している間、政治にはまったく口出しをしていないのだ。つまり、秀吉亡きあと、淀殿が秀頼のそばに寄り添い、あれこれ家臣に指示したのは母としてわが子を守ろうとしていただけなのだ。

且元の一件も、実際には、且元が退去したあと、淀殿は且元に次のような書状を書き送っている。

「私たち親子はそもじ（且元）に手抜かりがあったとは少しも思っていません。長年の温情をどうして忘れましょうか。なによりもそもじをひとえに頼みとしています」

淀殿は我が子・秀頼を愛し、家臣を気遣う心のやさしい女性だったのである。

誤解

千姫は乱行をくり返す淫乱な女性

本当は……

千姫は大坂城脱出後、本多忠刻と再婚し、忠刻と死別したあと天樹院と称して竹橋の御殿で静かに余生を送った。

元和《げんな》元（1615）年、豊臣家は「大坂の役」で徳川方に敗れ、豊臣秀頼が母の淀殿とともに自害し、滅亡した。最後まで豊臣家に忠誠を尽くした家臣らも自決し、豊臣家再興の夢はついえた。

そんななか、秀頼の妻・千姫（1597〜1666）は大坂城を脱出し無事だった。別項で述べたように脱出の経緯については諸説あるが、ともかく千姫は父である2代将軍・徳川秀忠のもとへ〃出戻り〃した。秀忠夫妻も千姫の祖父・徳川家康も大喜びしたが、後世、千姫は、大坂城で夫とともに自害しなかったということで非難されるようになった。

千姫は慶長8（1603）年、豊臣秀吉の遺命によって大坂城に入り、秀頼と結婚したが、2人の年齢は秀頼が11歳、千姫が7歳だった。したがって、大坂城を脱出したときは19歳と若く、未亡人になるには早すぎた。

千姫は京都から江戸へと移送されたが、その途中、京都から鈴鹿峠を越えて伊勢国桑名《くわな》（三重県桑名市）へ出た。桑名城主は「徳川四天王」の1人・本多忠勝《ほんだただかつ》の子である本多忠政《ただまさ》であり、忠政は千姫を出迎え饗応したが、そのとき渡し船で千姫を警固したのが長子・平八郎忠刻《ただとき》だった。忠刻は20歳の美男子で、千姫は一目見てふらふらになった。

束の間の恋が終わり、江戸に帰った千姫だが、恋わずらいで起き上がれなくなったと噂されるほどだった。見かねた好々爺の家康が、「忠刻と再婚させてやれ」と遺言し、めでたく千姫は再婚することに。

しかし、10年後、千姫は忠刻と死別し、再び未亡人になった。今度はそろそろ未亡人として仏門に入ってもおかしくない年頃だったが、恋多き千姫はすぐにまた恋をした。千姫につかえていた美貌の侍・磯野源之丞《いそのげんのじょう》に思いを寄せたのだ。

ところが、源之丞にその気がなく、恋は成就しなかった。すると千姫は、千姫付きの家老・吉田修理介の屋敷内に建てた「吉田御殿」（麹町三番町）にこもり、高楼から道行く人をながめては好みの男を物色。これと思う男が通ると二階に上げて、遊んだのちに殺害することをくり返すようになった。

こうして千姫の乱行がつづくなか、ある日、大工の政次郎が行方不明になり、親方の助五郎が吉田御殿に押しかけ乱暴をはたらいた。この一件で千姫の乱行が明らかになると思った源之丞は、千姫に自害をすすめ、自分も殉死。この事件は江戸中に広まり、「吉田通れば二階から招く、しかも鹿の子の振袖で」という歌までできたという。

ということで、千姫は後世、乱行をくり返した淫乱な女として語り継がれているが、これは大変な誤解である。吉田御殿などの話はすべて巷間の噂話の類で事実ではない。

史実の千姫は、夫の忠刻が亡くなったあと、天樹院と称して竹橋の御殿で静かに余生を送り、70歳で世を去っていた。ちなみに、吉田御殿というのは御殿だというが、実在の建物ではない。千姫の従臣のなかに吉田修理介という者もいなかった。

千姫が悪女とされたのは、大坂城から自分だけ脱出した千姫に対する憎しみによるものとされ、千姫本人は戦国の世に生まれた犠牲者だったのである。

第5章

関ヶ原の合戦は、「天下分け目の戦い」ではない!?

合戦・戦争編

誤解

「承久の乱」で幕府の一元支配が揺らいだ

本当は……

鎌倉時代は当初、朝廷と幕府による二元的な支配にあり、「承久の乱」は朝廷が勢力の挽回をはかった争乱だった。

源頼朝によって鎌倉幕府が成立したあとの時代を鎌倉時代とよんでいる。時代区分では中世にあたり、その特徴は天皇や貴族などの公家（朝廷）に代わって武士が支配する武家政治である。そこで、鎌倉幕府の成立によって日本は武家による一元支配となり、公家（朝廷）は支配権を奪われたと誤解している人も多い。

その誤解によれば、承久《じょうきゅう》3（1221）年に後鳥羽《ごとば》上皇《じょうこう》によって引き起こされた「承久の乱」は、公家（朝廷）勢力が幕府を倒して失った支配権を取り返そうとした戦いということになる。つまり、承久の乱は幕府の一元支配を揺るがした重大な争乱だったというわけだ。

しかし、鎌倉時代の支配構造を改めて見直してみると、幕府が実質的に支配したのは東国であり、朝廷は国司を任命して全国の一般行政を統轄しており、幕府と公家（朝廷）による公武二元支配というのが実態だったのだ。従って、承久の乱は公家（朝廷）勢力が支配権を取り返そうとした戦いではなく、武家の支配権の拡大を防ぎ、勢力の挽回をはかったものだったといえる。

後鳥羽上皇は、第2代執権・北条義時《ほうじょうよしとき》追討の院宣《いんぜん》を出して挙兵したが、幕府側の東国武士を中心に結束した御家人が京に攻めのぼり、上皇軍はあえなく敗退、乱は幕府によって鎮圧された。

その結果、後鳥羽上皇が隠岐に、土御門《つちみかど》上皇が土佐に、順徳《じゅんとく》上皇が佐渡へとそれぞれ配流《はいる》された。仲恭天皇は廃位され、代わって後堀河天皇が即位する。

以後、公武による二元支配の状況は大きく変化し、ますます武家の勢力が拡大し、後鳥羽上皇の思惑とは逆の方向へと進んでしまったのである。

誤解

元寇で元軍を撤退させたのは暴風雨

本当は……

元寇時に暴風雨があったとのたしかな根拠はなく、近年、撤退の原因は元に対する高麗などの抵抗運動と考えられている。

鎌倉時代、元（モンゴル）の軍勢が2度にわたって日本に襲来し、鎌倉幕府の軍勢が迎撃した戦争を「元寇《げんこう》」という。元寇の「寇」とは「外から攻め込んで荒らす賊」のことであり、元のほうから日本に侵攻したから元寇というわけだ。

1度目の襲来は文永《ぶんえい》11（1274）年（文永の役）、2度目の襲来は弘安《こうあん》4（1281）年（弘安の役）。しかし、2度とも奇跡的な暴風雨（台風）によって元軍は撤退。この暴風雨を昔は「神風」だといって、神国・日本の神の御加護のおかげだと信じられてきた。

さすがに、現代の教科書には「神風のおかげで元軍は撤退し……」とは記

元の兵士と戦う鎌倉幕府の御家人（国立国会図書館所蔵『蒙古襲来合戦絵巻』より）

されていないが、暴風雨があったことは記している教科書もある。しかし、以前から暴風雨について否定する説が唱えられていた。

　というのも、「文永の役」があったのは陰暦の10月20日頃であり、現代の11月26日頃にあたる。当時の日本では、この時期はもう台風の季節ではなかった。また、元の正史『元史』にも暴風雨によって撤退したとは記されていないのだ。

　もしも本当に暴風・大風が

あったとしても、台風によるものでなく、強い季節風だったという説もある。玄界灘ではこの時期に強い季節風が吹くのはめずらしくないそうだ。

そもそも、神風説が広まったのは、石清水八幡宮《いわしみずはちまんぐう》（京都府八幡市）で行われた夷狄《いてき》降伏の祈禱が原因だ。高僧の叡尊《えいぞん》が祈願を続けていると、突然、幡《ばん》（柱にかけた布）が揺れ、パタッと音を出した。すると、参列者の誰もが、これぞ八幡大菩薩が祈願を聞き入れてくれたしるしだと信じたという。

では、なぜ元軍は2度とも撤退したのか？　近年、指摘されているのは、①元軍には水軍のノウハウがなく、海戦が苦手だった、②元軍は元、高麗《こうらい》、旧南宋の兵士による混成軍だったということ。

①については、元軍には造船技術がないため征服した高麗や南宋に大量の軍船をつくらせたが、両国は財政的に疲弊しており、粗末な軍船しかつくれなかった。あるいは、わざと手抜きをして軍船をつくったといわれている。

②については、混成軍の大半は高麗や旧南宋の兵士であり、はなから士気が低く、粗末な船が強風で破損したことを理由にさっさと撤退してしまった

といわれている。

こうした敗因のほかに、近年唱えられているのは、服属させられた高麗のなかで「三別抄《さんべつしょう》の乱」をはじめとする元に対する抵抗運動が広がったことが原因だとする説。元への抵抗は旧南宋や大越《だいえつ》（ベトナム）でも見られ、これらによって元は日本からの撤退を余儀なくされたと考えられている。

誤解

北条高時は鎌倉幕府最後の執権

本当は……

高時は鎌倉幕府の14代執権となったが、その後、執権を金沢貞顕に譲り、貞顕のあとの赤橋守時が最後の執権となった。

源頼朝が幕府を開いた鎌倉には鶴岡八幡宮《つるがおかはちまんぐう》をはじめ多くの寺社や名所・旧跡があり、毎年たくさんの観光客でにぎわうが、そんななかあまり観光客が足を運ばない史跡もある。鎌倉駅の東方、祇園山ハイキングコースに向かう辺りは、北条氏一門が滅んだ東勝寺《とうしょうじ》の跡地（鎌倉市小町）であり、駅周辺のにぎわいが嘘のような閑静な住宅地だ。

元弘《げんこう》３・正慶《しょうきょう》２（１３３３）年閏《うるう》２月、後醍醐天皇が隠岐を脱出し、討幕の綸旨《りんじ》（天皇の意思を伝達する文書）を発した。すると、幕府方の足利高氏（のちの尊氏）は反旗をひるがえし、各地の武士も討幕に立ち上がった。５月、新田義貞《にったよしさだ》が鎌倉に攻め入ると、北条得宗《とくそう》（北条氏の嫡系）家の当主・高時《たかとき》とその一門・御内《みうち》（御内人《みうちびと》ともいう）は北条氏代々の墓所・東勝寺に入り、次々と腹をかき切った。高時も自刃《じじん》、鎌倉幕府は１５０年の歴史を閉じたのである。

この高時が自殺した史実から、鎌倉幕府の最後の執権《しっけん》（鎌倉幕府の幕政を統轄した職名）を高時と誤解している人がけっこう多い。たしかに、高時は正《しょう》和《わ》５（１３１６）年に14代執権となったが、嘉暦《かりゃく》元（１３２６）年に出家して金沢（北条）貞顕《さだあき》に執権（15代）を譲っている。

その貞顕も出家し、赤橋（北条）守時《もりとき》が16代執権に就任。この守時が最後の執権であり、高時は最後の得宗である。守時もまた高時と同様、新田義貞の討幕軍と戦ったのちに自刃している。
ちなみに、後世、高時の評判は悪く、幕政をかえりみず遊宴と田楽《でんがく》・闘犬見物ばかりしていた愚か者だったと伝えられている。そのため、鎌倉幕府滅亡の責任を一人で負わされることもある。

【北条氏の略系図】

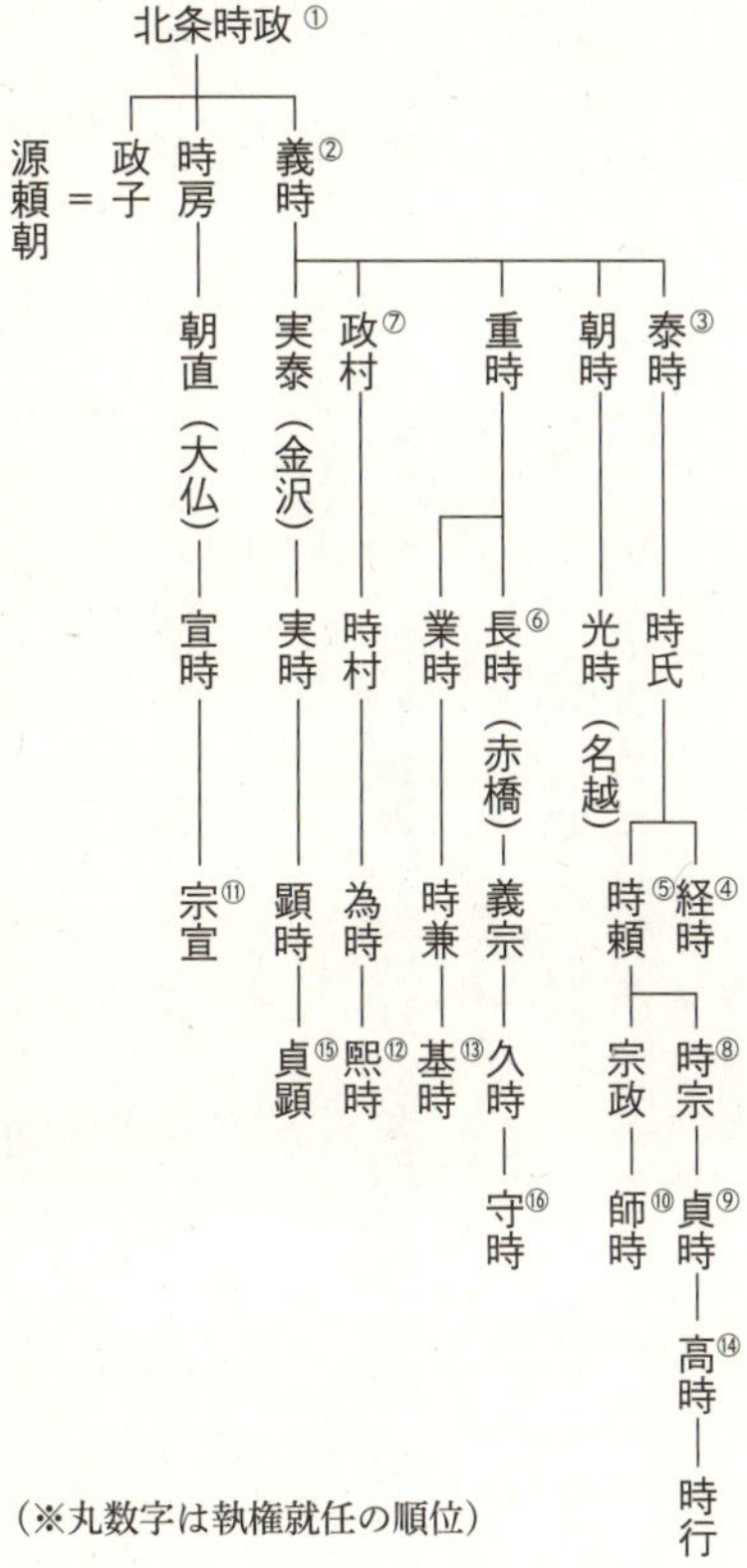

（※丸数字は執権就任の順位）

しかし、9歳で得宗に14歳で執権になった高時には実権はなく、かつ幼いころから病弱だったため政務をみることはできなかったのだ。つまり、幕府滅亡の張本人という見方もまた誤解というべきだろう。

誤解

「桶狭間の合戦」では奇襲戦法が勝負を決めた

本当は……

「桶狭間の合戦」で、織田信長は奇襲戦法ではなく正面攻撃を行ったとする説が有力であり、奇襲戦法は否定されている。

永禄《えいろく》3（1560）年5月19日、織田信長と今川義元《いまがわよしもと》が戦った「桶狭間《おけはざま》の合戦」は戦国合戦史上にのこる戦いとされる。理由は、戦力数千の織田軍が奇襲戦法で4万5000の今川軍に勝利した劇的な戦いだったからだ。

定説によれば、その日の夜明け方、信長は清須城《きよすじょう》から出陣。そのころ、今川軍の本隊は田楽狭間《でんがくはざま》で休息をとっていたが、突然大雨が降り、その雨が上

桶狭間古戦場公園（名古屋市）に建つ、信長と義元の像（桶狭間古戦場歴史保存会提供）

がったころに織田軍が義元のいる本陣に突撃した。この奇襲に今川軍は混乱し、ついに大将の義元は首をかき斬られ、今川軍は潰滅したという。

　この合戦で信長の勇名は広まり、逆に義元は「凡将」「愚将」のレッテルを貼られることになったが、実は、この奇襲戦法を証明する史料は乏しく、現在では奇襲戦法というのは誤解である可能性が高くなっている。

　これまでの定説によれば、織田軍は今川軍への正面攻撃を避け、迂回して急襲したという。具体的には、熱田神宮→丹下砦→善照寺砦（あるいは、さらに→中島砦）から鎌倉街道の北の相原を通過し、再び鎌倉街道を横切って太子ヶ根《たいしがね》に向かったという経路である。

しかし、この進軍経路を示すたしかな史料はない。桶狭間の合戦を伝える『信長公記《しんちょうこうき》』（織田信長の一代記。信長の家臣だった太田牛一《おおたぎゅういち》著）にも、迂回を示す記述はないのだ。そこに記された進軍経路は、清須城→熱田神宮→丹下砦→善照寺砦→中島砦→桶狭間という直進経路である。

つまり、信長は今川軍に対して迂回による奇襲戦法ではなく、最短距離の進軍経路による正面攻撃を行ったのだ。『武功夜話《ぶこうやわ》』という史料によれば、信長は出陣前に「正攻法をもってしては、とうてい戦《いくさ》にならぬであろう」といい、さらに「いかに義元が鉄壁の備えをしても、勝ちに乗ずれば必ず油断が生じるはずだ」とも語ったという。

事実、今川軍は緒戦で織田軍の丸根砦や鷲津砦を次々に討ち破り、将兵の間に気のゆるみが生じていた。田楽狭間で休憩していた義元らは、近在の寺社などから戦勝祝いの酒を贈られ、宴を開いてしまうほどだった。信長はこの今川軍の気のゆるみをつくために、直進して正面攻撃を行ったという見方が現在、有力なのである。

ちなみに、義元ら今川軍の本隊が休息をとっていたのは田楽狭間であり、厳密にいえば「桶狭間の合戦」ではなく「田楽狭間の合戦」であり、これもまた誤解というべきかもしれない。

誤解

武田信玄と上杉謙信は川中島で一騎討ちした

本当は……

戦国時代の名将、信玄と謙信は川中島を戦場にして戦ったが、謙信と一騎討ちをした相手は信玄の影武者だった。

戦国時代の合戦といわれて、多くの人が思い浮かべる合戦の1つに「川中島の合戦」がある。甲斐（山梨県）の武田信玄《たけだしんげん》と越後（新潟県）の上杉謙信《うえすぎけんしん》という宿敵2人（第1章参照）が、北信濃の千曲川と犀《さい》川にはさまれた要衝の地・川中島を戦場にして戦った合戦だ。

合戦は5度にわたって行われたといわれ、なかでも永禄《えいろく》4（1561）年9月の4回目の合戦が最も激戦だった。同月10日の朝、両軍は川中島の中央に位置する八幡原で、両軍が激突する。濃霧のなかで不意をつかれた武田軍は、上杉軍に押されていたが、信玄は本営で床机に腰掛け、戦況を見渡していた。

するとそこへ、月毛の馬（葦毛でやや赤みをおびた毛色の馬）にまたがった上杉軍の武者が、刀を振りかざしながら突進してきた。武者は色鮮やかな萌《もえ》黄色《ぎいろ》の胴肩衣を着て、白手拭で頭を包んでいた。

武者が馬上から信玄に斬りかかると、信玄は軍配団扇で受け止めたが、すぐに武者は二の太刀を振りかざした。それに対して信玄が軍配団扇で素早く応戦し、武者が三の太刀まで斬りかかったところへ、信玄の側近・原虎吉が駆けつけ、虎吉の槍が馬の背をたたくと、馬はおどろき前足を上げて立ち、武者とともに走り去った。のちに、この武者が謙信であることがわかったという。

これが有名な信玄と謙信の一騎討ちの名場面であり、映画やテレビでもよく取り上げる。しかし、この戦国史上稀な大将同士の戦いには、はたして本当に一騎討ちがあったのか古くから疑問が投げかけられていた。以下に検証してみよう。

謙信が斬りつけた相手は信玄の影武者だった⁉

一騎討ちがあったことを否定する説の1つに、「謙信が刀を振りかざして斬りつけたのは、信玄本人ではなく影武者だった」という影武者説がある。第3章の北条早雲の項でも参考にした『名将言行録《めいしょうげんこうろく》』によれば、信玄は出陣のとき、いつも影武者を3人連れていたというように、信玄に影武者がいたことはよく知られている。

影武者説によると、川中島の合戦で謙信と一騎討ちをしたのは信玄の弟の

1人、武田信廉《のぶかど》だったという。ちなみに、信玄のすぐ下の弟・武田信繁《のぶしげ》は、上杉軍が武田軍の本営に迫ったさい、「われこそは武田信玄なり」と叫びながら敵の軍勢に突入し、敵を自分に引きつけたあとで戦死している。

つまり、川中島の合戦では、2人の弟が影武者となって兄・信玄を助けたというわけである。兄弟であれば、その容貌、声質なども似ていたにちがいない。写真のない時代のこと、上杉軍も信玄の素顔を正確に把握していたか疑問だ。だとすれば、信玄の影武者が敵をあざむいたことは十分に考えられる。

また、甲冑《かっちゅう》で身を固めた武将が本物かどうかを戦場で識別することはきわめて困難であり、ある意味、〝そっくりさん〟でなくても背格好さえ似ていれば誰でも影武者になれたのだ。

結局、信玄と謙信の一騎討ちは、謙信の誤解に端を発した〝幻の名勝負〟だったのである。

誤解

武田信玄と上杉謙信は川中島で5回戦った

本当は……

信玄と謙信の「川中島の合戦」の回数には諸説あり、5回説のうちでも、5回の合戦がすべて激戦だったわけではない。

戦国時代はその名のとおり諸国の戦国武将による合戦が数多く行われた時代である。前項で取り上げた「川中島の合戦」は史上にのこる名勝負といわれており、通説によれば、1回目が天文《てんぶん》22（1553）年、2回目が弘治《こうじ》元（1555）年、3回目が弘治3（1557）年、4回目が永禄4（1561）年、5回目が永禄7（1564）年と、5回にわたって行われたという。

しかし、川中島の合戦の回数については諸説があり、永禄4年の合戦のみという1回説や、2回説、3回説のほかに、天文16（1547）年から永禄4年までに12回あったという12回説まである。

ここでは通説の5回説で論を進めることにするが、この5回の合戦の内容について大きな誤解があるようだ。信玄と謙信による名勝負というフレーズに惑わされて、両雄は5回の合戦で何度も激戦をくりひろげたと思っている人が多い。しかし、5回の合戦の内容を検証してみると、その見方が誤解であることがわかるのだ。

まず、1回目の合戦では、謙信の上杉軍が信玄の武田軍を撃破し、武田軍は退却。いったん甲府に帰城したものの、再度出陣して川中島の西方の布施(篠ノ井《しののい》)で戦い、最後は上杉軍が退却した。

2回目の合戦では、両軍が犀川を挟んで対陣し、激戦のすえ、にらみあったまま90日間(100日間ともいう)過ごした。膠着状態がつづき、信玄が駿河(静岡県)の今川義元に調停を依頼。これで両軍は和を結び、撤退した。

3回目の合戦では、川中島の北方、上野原で戦闘が行われ、信玄が犀川の北方、葛山城《かつらやまじょう》を攻めた。すると、謙信が出陣し、両軍の間で小さな戦闘はあったものの大きな損害は出なかった。

4回目の合戦では、武田軍の軍師・山本勘介《やまもとかんすけ》が献策した史上名高い「キツツキの戦法」によって武田軍が上杉軍を奇襲し、両軍が激戦を交わした。勝敗については武田勢が勝ったとする説、上杉勢が勝ったとする説の両説がある。

上杉謙信と武田信玄の一騎打ち（和歌山県立博物館所蔵『川中島合戦図屛風』より）

5回目の合戦では、両軍が川中島を挟んで対陣したまま60日間が過ぎ、結局、にらみあっただけで終わっている。

というように、激戦がくりひろげられたといえそうなのは弘治元年の2回目の合戦と永禄4年の4回目の合戦だけで、他の合戦の戦闘は小規模であり、2回目や5回目の合戦では対陣してにらみあう時間のほうが多かった。緊張感がみなぎるにらみあいも立派な戦闘行為だと思うが、「激戦」とよぶにはムリがある。結局、史上、名勝負として伝えられる川中島の合戦とは4回目の合戦のイメージだったのである。

誤解

武田信玄の騎馬軍団は戦国最強

本当は……

戦国時代の馬は小型で、甲冑姿の騎馬武者を乗せて駆けめぐることは困難であり、武田騎馬軍団は存在しなかった。

武田信玄の軍勢が他国の戦国大名から恐れられた原因の1つが、信玄がつくった騎馬軍団だ。武田軍の戦い方は、何百騎もの馬上に乗った武者が次から次へと波状攻撃をしかけ、どんな守りも崩してしまうというもの。映画やテレビのドラマでも、武田騎馬軍団は大型の馬に颯爽と乗った武者が怒濤のごとく押し寄せ、迫力満点の映像を提供している。

信玄の死後、子の勝頼のときに織田信長・徳川家康の連合軍と戦った「長篠《ながしの》の合戦」（別項で後述）でも、武田軍の騎馬武者が、連合軍が築いた馬防柵《ばぼうさく》めがけて波状攻撃をしかけたように伝えられている。

しかし、この武田騎馬軍団というのは大きな誤解である。専門家によると、戦国時代の馬は体高が120センチ程度の小型の馬で、重い甲冑を身に着けた騎馬武者を乗せ、疾風のごとく駆けることは物理的にムリだったという。ドラマで見るような大型の馬が登場するのは明治時代に入ってからのことで、明治の騎兵の創設によって大型の馬に乗る軍団ができたともいわれている。

戦国時代の合戦に馬がつかわれなかったわけではないが、武田軍の場合、1000人のうちの7～8人が馬上から兵士を指揮し、あとは馬をおりて後ろにひかせ、自分は槍で戦ったといわれる。その7～8人も先頭切って突入するわけでなく、徒歩で戦う兵士を馬上から指揮するだけ。

しかし、戦国時代劇の戦闘シーンを史実に忠実に再現してしまうと、迫力に欠けるものになってしまうことまちがいない。ドラマはあくまでも誤解の上に製作してもらったほうが観客にはありがたい。

誤解

織田信長は比叡山全体を焼き討ちした

本当は……

近年の発掘調査では、比叡山の発掘現場からは焼土層があまり見つからず、焼討ちは山火事程度のものと見られている。

織田信長は「英雄」とも「革命児」とも称される一方で残虐性を指摘され、〝いい人〟なのか〝悪い人〟なのかわからないところがある。そこがまた信長の魅力だという信長ファンもいるようだが、ここではあえて残虐性について述べることにする。

信長の残虐性を象徴する有名な事件が「比叡山の焼き討ち」だ。元亀《げんき》2（1571）年9月12日、信長の軍勢は比叡山を一斉に焼き討ちし、山内の延暦寺根本中堂をはじめすべての堂宇《どうう》・建物（500棟以上）が焼け落ちたという。すぐには焼け落ちなかった堂宇もあったが、信長の軍勢が見つけ出し、再度放火して一宇のこすところなく焼いたというから、その執拗なまでの残忍さが伝わってくる。犠牲者も多数出て、僧俗・老若・男女の区別なく3000人余の人が首をはねられ、山上の12の谷は屍《しかばね》で埋まったと伝えられている。

信長の比叡山焼討ちの動機は、延暦寺が信長軍に味方せず、敵の浅井《あざい》・朝《あさ》倉《くら》軍に味方したからだ。前年の元亀元（1570）年、信長は「姉川の戦い」で浅井長政《ながまさ》・朝倉義景《よしかげ》の連合軍を破ったが、翌年9月、浅井・朝倉軍は近江国（滋賀県）坂本城を攻め、信長の弟・信治および森可成《もりよしなり》を討ち取った。しかし、信長の軍勢が押し寄せると、浅井・朝倉軍は比叡山に逃げ込んだ。

その後、浅井・朝倉軍は比叡山に立てこもり、その間に六角承禎《ろっかくしょうてい》や三好《みよし》三人衆、石山本願寺なども攻撃を開始したため、同年12月信長は浅井・朝倉軍と和議を結んだ。

だが、信長はそのときの延暦寺のとった行動が許せなかった。『信長《しんちょう》公記』

によれば、信長は以前から延暦寺に対して、「われわれの行動を妨げた場合には山一面を焼き払う」と通告していたが、まさに延暦寺は信長軍の行動を妨げ、浅井・朝倉軍に肩入れしたと見られたのだ。

こうして比叡山は信長の焼討ちによって壊滅したとされてきたが、近年、これは大きな誤解であるという指摘がある。滋賀県教育委員会によると、近年の発掘調査の結果、比叡山の発掘現場からは焼土層があまり見つからず、戦国時代の遺構もほとんど発見されなかったというのだ。焼討ちが証明できたのは根本中堂と大講堂くらいで、その他の堂宇は戦国時代以前にすでに廃絶していたともいう。

ということで、発掘担当者の見解によれば、焼討ちは全山焼討ちというような大規模なものではなく、山火事程度のものだったようだ。そもそも、この比叡山焼討ち事件を伝える史料『言継卿記《ときつぐきょうき》』の著者・山科《やましな》言継（公家）も『御湯殿《おゆどの》の上《うえ》の日記』の著者（朝廷につかえていた女官）も、事件当時は京にいて現場を見ていたわけではない。後日、伝聞や噂をもとに書かれたもののので信憑性は高くなかった。

伝聞や噂はともすれば伝わるうちにどんどん誇張されるのが常だが、この一件もそのたぐいの話だったようである。だからといって信長の〝放火〟の罪が消えるわけではないが、大規模な焼打ちではなかったとすれば、それは信長ファンにはやはり朗報ということになるのだろうか。

誤解

織田信長は「長篠の合戦」で「三段撃ち」をした

本当は……

火縄銃を一定の間隔で撃ちつづけることはむずかしく、何千人もの銃兵を整然と指揮することも困難といわれている。

第8章で記述するが、日本に最初に鉄砲（火縄銃）が伝来したのは、天文《てんぶん》12（1543）年に種子島に中国人倭寇の船が漂着したときだといわれている。

以後、和泉国（大阪府）の堺や紀伊国（和歌山県）の根来《ねごろ》・雑賀《さいか》、近江国（滋賀県）の国友《くにとも》などで大量に生産されるようになり、戦国時代の合戦に鉄砲が登場するようになった。

そんな鉄砲をつかった合戦のなかでも、戦国合戦史上にのこる画期的な戦法を取り入れたのが、天正3（1575）年に行われた武田軍と織田・徳川連合軍による「長篠の合戦」である。

合戦の端緒は2年前の天正元（1573）年にさかのぼる。徳川家康は武田氏に属していた奥平貞能《さだよし》・信昌《のぶまさ》（貞昌ともいう）父子と内通し、武田勝頼の家臣・菅沼正定の居城である長篠《ながしの》城を奪い、のちに信昌を城主にした（ちなみに、家康は娘の亀姫を信昌に嫁がせている）。

それから2年後の天正3（1575）年4月、長篠城を奪還するために天正3年4月、勝頼が1万7000（1万5000ともいう）の軍勢を率いて出陣したことから、長篠の合戦ははじまる。翌5月11日、武田軍は信昌がわずか500の軍勢で守る長篠城を攻撃し、兵糧攻めに入った。すると、18日、長篠城の目前の設楽ケ原《したらがはら》に織田軍3万、徳川軍8000（6000ともいう）

の計3万8000の援軍が到着した。

こうして、当初は武田軍が優勢に見えたが、連合軍の援軍によって戦力では武田軍が劣勢になった。そのため武田軍の重臣らによる会議では撤退論と強硬論が出たが、武田家の当主・勝頼が決戦を主張したことで両軍が激突することになった。

戦国最強といわれた武田騎馬軍団は連合軍の陣営めがけて一斉に押し寄せたが、そこには馬防柵《ばぼうさく》（騎馬の侵入を防ぐ柵）がめぐらされており、騎馬軍団の侵入が阻止された。すると、柵の向こうから鉄砲隊による一斉射撃がはじまった。

しかし、騎馬武者たちにとって一斉射撃は想定内のことであり、簡単にひるむことはなかった。なぜなら、鉄砲は一度射撃が終われば次の射撃までに時間がかかるため、騎馬武者たちはその間隙をぬって突進するつもりだったからだ。

ところが、連合軍の一斉射撃は従来のものとは異なる画期的なものだった。

鳴り止むはずの鉄砲が鳴り止まず、途切れることなく撃ちつづけられたのだ。このため騎馬武者たちは次々と撃ち落とされ、合戦は連合軍の大勝利となったのである。

喚声や轟音が鳴り響くなかで指揮することは困難

織田・徳川連合軍の勝因は、途切れることなく撃ちつづけられた鉄砲隊の一斉射撃にあり、それを可能にしたのは信長が考案した鉄砲の「三段撃ち」だという。

その戦法は、３０００挺の鉄砲隊を１０００挺ずつ３列に並べ、最前列の鉄砲隊が撃っている間に、２列目の隊が火縄に火をつけ、３列目の隊が弾を込めるというもの。

これによって、１列目の隊の射撃が終わっても、すぐに２列目の隊が射撃をはじめることができる。同様に２列目の隊の射撃が終われば３列目の隊の射撃が、３列目の隊の射撃が終われば１列目の隊の射撃が、というようにエンドレスで撃ちつづけることができるわけだ。

さすが「革命児」信長が考案した斬新な戦法だと思いがちだが、近年、この定説は誤解だった可能性が大きくなっている。まず、『信長公記』によると、長篠の合戦で使用された鉄砲については「千挺ばかり」と数が記述されているだけで、三段撃ちのことには言及していないのだ。

また、火縄銃では火縄が消えたり内部にかすがたまったりすることがよく起こり、一定の間隔で撃ち続けることはむずかしいという指摘もある。さらに、両軍の喚声や轟音が鳴り響き、硝煙がたちこめているなかで何千人もの銃兵を整然と指揮することは困難だともいわれている。

たしかに、長篠の合戦では連合軍が大量（1000挺）の鉄砲をつかったことが勝因の1つになったことはまちがいないが、三段撃ちは誤解であり、現在では否定する説が有力である。実際、自分のうしろに次の銃兵が鉄砲を構えているかと思ったら、物騒で落ち着いてねらいを定めることもできなかったのではないだろうか。

誤解

「本能寺の変」は織田信長の油断が敗因

本当は……

近年の発掘調査によると、本能寺は堀や石垣で強固に守られ、城砦のような防御施設も備えていたことが判明している。

織田信長が重臣・明智光秀に襲撃されて自害した「本能寺の変」は日本史の数あるミステリーのなかでも最大級のミステリーであり、謎が多い。最大の謎は、光秀の犯行の動機とその背後に黒幕がいたのかどうかというもの。これについては諸説あって、いまだ解明しておらず何が正解で何が誤解なのかわからない（第1章参照）。

ということで、ここでは違った角度から本能寺の変に関する誤解を紹介したい。その誤解とは、やはりこれも謎の1つなのだが、信長はなぜわずかな手勢だけで本能寺に宿泊したのか、という疑問に関するものだ。その前に、事件の概要をざっとおさらいしてみよう。

本能寺（京都市中京区。焼失後に再建されたもの）

天正10（1582）年5月29日、信長は本能寺に入ったが、『信長公記』によると、随行した従者は「お小姓《こしょう》衆二、三十人」だという。小姓とは日常、貴人のそばに召し抱えられ、身の回りの世話をする者で、そのなかには信長の側近・森蘭丸《もりらんまる》もいた。

6月1日夕刻、光秀率いる1万3000の軍勢は丹波亀山城（京都府亀岡市）を発ち、桂川を越えたところで、光秀は全軍を停止させた。そして、全軍に向かって「敵は本能寺にあり」といって、進路を変更。

2日未明、本能寺に到着した光秀の軍勢が鬨《とき》の声を上げながら乱入すると、蘭丸がすぐに信長のもとへ走る。信長が「誰のしわざだ？」と問い、蘭丸が「明智の軍勢と見受けます」と答えると、信長は「是非に及ばず」とひと言いったが、これが最後のことばとなった。

その後、信長は弓で応戦し、矢が尽きると武器を槍に替えて戦った。しかし、敵兵に肘を槍で突かれ傷つくと、御殿に火を放ち、奥に入って納戸の戸を閉めると、自害したという。

そこで謎の1つとされているのが、猜疑心の強い信長がなぜ無防備に近い手勢で本能寺に宿泊したのか、ということ。その理由について『信長公記』は、4日に中国出陣を控え、安土城に主力部隊を待機させたからだとしている。また、前日、信長は本能寺に勅使や公家などを招いて大茶会を開いており、そうした席に大勢の軍勢を率いてくることを控えたのではないか、との指摘もある。

いずれにしても、これまでの通説によれば、信長が本能寺で光秀に襲われ、命を落としたのは信長の油断が原因とされてきた。ところが、近年、本能寺跡の発掘調査が行われ、その結果、そうした通説が誤解であったことが判明したのだ。

事件当時の本能寺は現在の本能寺が建つ場所とは別の場所にあったが、発掘の結果、本能寺は堀と石垣で強固に守られ、城砦のような防御施設を備えていたことがわかったのだ。

また、信長は変の2年前に、京都での宿泊所は本能寺と決めて、そのための普請も命じていたといわれ、けっして無防備な状態で宿泊したわけではなかったのである。しかし、多勢に無勢で応戦しきれなかったというわけだが、光秀に対する警戒心が薄かったことは否めないのではないだろうか。

かくして、動乱の世に一時代を画した稀代の戦国武将が天下統一を目前にしながら49歳でこの世を去った。信長にあとほんの少し警戒心があったなら、その後の日本の歴史は変わっていたにちがいない。

誤解 本当は……

「関ヶ原の合戦」は徳川と豊臣の戦い

関ヶ原における本戦での東軍の構成を見ると、大半が豊臣恩顧の大名の部隊であり、合戦の実態は豊臣勢同士の戦いだった。

プロ野球やJリーグなどで実力が伯仲したチーム同士が、今後の行方を左右するような大一番の試合をするとき、テレビや新聞などマスコミがよくつかいたがることばに「天下分け目の戦い」がある。日本の合戦史上、このことばが最もぴったりと合うのが、慶長《けいちょう》5(1600)年に起きた「関ヶ原の合戦」だ。

関ヶ原の合戦は広義では、その前哨戦や各地で勃発した局地戦も含まれるが、なんといっても歴史にのこる戦いといえば、9月15日、美濃国(岐阜県)の関ヶ原で、徳川家康を盟主とする東軍と石田三成が率いる西軍が激突した、いわゆる〝本戦〟である。

東軍には家康の子どもや親戚をはじめ「四天王」といわれた本多忠勝《ただかつ》・井伊直政《なおまさ》をはじめ三河時代から松平氏や家康につかえてきた譜代大名が参戦し、西軍には秀吉の養子にもなった小早川秀秋《こばやかわひであき》をはじめ宇喜多秀家《うきたひでいえ》、小西行長《こにしゆきなが》など豊臣秀吉の家臣として活躍した豊臣恩顧の大名が属し、両軍合わせて15万以上の将兵が出陣したといわれる。

そこで、関ヶ原の合戦はかつての覇者・秀吉の遺臣らと家康の譜代の家臣らとが激突した豊臣勢と徳川勢の戦いだったと思っている人が多い。しかし、当日の合戦をつぶさに検証してみると、その見方が誤解であったことがわかるのだ。

東西両軍の構成を見ると、たしかに名だたる戦国大名が東西に分かれ、兵力も東軍約7万5000に対して西軍約8万4000とほぼ拮抗しており、まさに天下分け目の一大決戦の名にふさわしく思える。だが、東軍に参戦した武将らの名前をよく見ると、おかしなことに気づくはずだ。

歴史に詳しい人ならすぐわかるかもしれないが、東軍に属した福島正則や黒田長政、細川忠興《ただおき》、加藤嘉明《よしあき》などの武将はかつて秀吉の家臣として数々の合戦で戦功を立てた勇将たちである。

つまり、東軍には、本来なら西軍に属していてもおかしくない豊臣恩顧の大名が数多く含まれていたのだ。秀吉亡きあとの武将たち相互の関係が大きく変化していたことがわかる。

そこで、東軍のなかに徳川家の一門や譜代の家臣はどれくらいいたのか見てみると、家康麾下《きか》、すなわち家康直属の家来だった武士たちをはじめ本多忠勝、井伊直政、松平忠吉などがいるが、このうちの家康麾下の3万というのは、あくまでも防御のための戦力であり、戦力としては期待できなかったという。

また、本多忠勝は猛将として知られ、その兵力は3000といわれたが、家康に従って関ヶ原にきたのは500だけだった。結局、徳川一門や家康譜代の家臣の戦力として活躍したのは、直政と忠吉の部隊（計6600）だけだったのである。

徳川家には3万余の主力部隊があるといわれていたが、その主力軍は関ヶ原の本戦に参戦していなかったのだ。その原因は、家康の子・秀忠にあった。秀忠は総大将として主力軍を率いて中山道を西上して関ヶ原に向かったが、途中で西軍の真田昌幸が立て籠もる上田城を攻め落とそうとした。

3万余の大軍勢で気を大きくしてしまった秀忠は〝行きがけの駄賃〟として上田城を陥落していこうと思ったのだ。しかし、敵は智将・謀将として知られた昌幸であり、秀忠は昌幸の戦術にまんまとはまり攻略することができなかった。つまり、上田城の攻略に時間を費やし、肝心の関ヶ原の本戦に間に合わなかったのだ。

ということで、関ヶ原の合戦は豊臣勢と徳川勢の戦いではなく、その実態は豊臣恩顧の大名が東西に分かれて戦った豊臣勢同士の戦いだったのである。つまり、豊臣勢は戦う前から〝仲間割れ〟をしていたわけであり、その時点で東軍・家康の勝利は見えていたともいえる。

誤解

石田三成は「関ヶ原の合戦」の西軍総大将

本当は……

「関ヶ原の合戦」で三成は西軍を率い、実質的なリーダーではあったが、西軍の総大将は大坂に在城した毛利輝元だった。

徳川家康率いる東軍が石田三成率いる西軍を破った「関ヶ原の合戦」は合戦史上最大の規模を誇り、映画やテレビで何度もドラマ化されている。そこで、東軍の総大将が家康で、西軍の総大将が三成だと思っている人が少なくないようだ。しかし、それは誤解である。

たしかに、三成は関ヶ原の合戦前の慶長5（1600）年7月、越前国敦賀（福井県敦賀市）城主・大谷吉継に挙兵の計画を打ち明けて以来、家康との決戦のために奔走しており、西軍の実質的なリーダーといってよい。

しかし、三成はその準備のなかで、前田玄以《げんい》・増田長盛《ましたながもり》・長束正家《なつかまさいえ》の三奉行に、中国地方の雄・毛利輝元《もうりてるもと》を総大将に迎えたいという書状を送るようはたらきかけ、三奉行は連署で7月12日付の書状を輝元に書き送っている。さらに、同月17日、三奉行は宇喜多秀家らと相談し、輝元を西軍の総大将と定め、豊臣秀吉の遺児・秀頼の居城である大坂城の西の丸に入れたのである。

ということで、西軍の総大将は輝元であり、三成ではなかったが、輝元の影はきわめて薄い。その理由は、輝元は総大将でありながら関ヶ原での本戦に出陣していないからだ。

輝元が出陣しなかった表向きの理由は、秀頼を守るため大坂城を離れるわけにいかなかったということである。しかし、本当は三成や三奉行らに乗せられて総大将を引き受けてしまったものの、展望が見えず後悔していたという説もある。

総大将が決戦の場に現れるか否かが将兵の士気に大きな影響を与えることはいうまでもない。案の定、輝元が出陣しなかった西軍は、桃配山《ももくばりやま》に本陣を構えた徳川家康の東軍に敗れた。西軍の敗因については諸説あるが、総大将の不出馬もその一因になったのではないだろうか。

誤解

小早川秀秋の裏切りが関ヶ原の勝負を決めた

本当は……

西軍から東軍に寝返ったのは秀秋だけではなく、また、不戦を決めていた武将もおり、秀秋の裏切りだけが敗因ではなかった。

「関ヶ原の合戦」は午前8時に開始された。それから4時間近くたっても勝敗の行方はわからないほど、東西両軍は死闘をくり広げていた。すると、西軍を率いる石田三成は松尾山に陣取る小早川秀秋の参戦を促すため、自分の陣所の笹尾山《ささおやま》から狼煙《のろし》を上げた。秀秋の部隊は1万5000の兵力であり、この大部隊が松尾山から戦場に駆け下りてくれれば、西軍の勝利は揺るぎないものになるはずだった。

ところが、秀秋は戦局を見詰めたまま動こうとしなかった。その理由は、秀秋は徳川家康率いる東軍と内通しており、この期に及んでどちらにつくべきか迷っていたのだ。すると、東軍の家康の陣所から松尾山に向かって、バンバンバンと鉄砲がつづけざまに撃たれた。秀秋が動かないことから家康が疑心暗鬼になって、「早く動け」とばかりに参戦をうながしたのである。

東西両軍から参戦をうながされ、もはや傍観が許されなくなった秀秋は、ついに立ち上がり、松尾山を駆け下りた。秀秋の大部隊がめざしたのは味方であったはずの西軍・大谷吉継《おおたによしつぐ》（刑部《ぎょうぶ》）の陣所だった。

この秀秋の裏切りによって戦局は一気に東軍が優勢となり、東軍が勝利した。そのため「関ヶ原の合戦」の東軍の勝因（西軍の敗因）は秀秋の裏切りというのが定説になっている。そして、後世、秀秋は〝日本史上最大の裏切り者〟といわれ、小早川秀秋という名は裏切り者の代名詞になったのである。

しかし、近年、「関ヶ原の合戦」が見直され、東軍の勝因（西軍の敗因）が秀秋の裏切りだけによるものではないという説が有力になっている。何もかも秀秋1人のせいにするのはおかしい、というわけである。

というのも、当日の決戦では秀秋以外にも、事前に東軍に内通していた武将がいたのだ。その裏切り者というのは、他ならぬ大谷隊の配下にいた脇坂《わきさか》安治《やすはる》、朽木元綱《くちきもとつな》、小川祐忠《おがわすけただ》、赤座直保《あかざなおやす》の4人である。

実は、秀秋の裏切りは西軍の三成や吉継は事前に察知しており、ある程度予期していた。このため、秀秋の大軍勢が吉継の陣所を攻めてきたとき、吉継はあわてることなく、600余の小さな兵力にもかかわらず秀秋隊を迎撃。配下の平塚為広《ひろつかためひろ》、戸田重政《とだしげまさ》の奮戦もあり、一時は松尾山に後退させている。

安治、元綱らによる第2の裏切りは、そのあとに起きた。さすがに、この裏切りは吉継も予期できず、安治・元綱ら4隊に突撃され、為広、重政の勇将は討ち死。吉継も自刃した。

吉継隊が敗れたことで、あとは連鎖反応のように小西行長・宇喜多秀家の部隊も相次いで崩れ、両名は伊吹山中に逃走。石田三成の部隊は最後まで孤軍奮闘したが、ついに敗れて、三成もまた落ちのびていった。

南宮山から動こうとしなかった吉川広家

西軍にはまた、秀秋や安治のような明らかな裏切り者ではない、〝不作為

関ヶ原合戦図屏風（関ヶ原歴史民俗資料館所蔵）

の裏切り者〟もいた。つまり、不戦を決めこんで動こうとしなかった武将がいたのだ。

西軍は南宮山に約3万の大軍が陣取っていたが、三成の出陣要請の狼煙が上がっても参戦しなかった。南宮山の全部隊が不戦を決めこんでいたわけではなかった。東方に陣取っていた長束正家は、狼煙を見て、南方に陣取る毛利《もうり》秀元《ひでもと》に使者を送り、参戦を要請。秀元はすぐに応じて出陣しようとした。

ところが、秀元の部隊の前方には吉川《きっかわ》広家《ひろいえ》の部隊が陣取っていて、動こうとしなかったのだ。この広家の不作為による裏切りを知った長束や安国寺《あんこくじ》恵瓊《えけい》らも、兵を動かすことができなくなった。こうして約3万余の大軍は参戦することなく、東軍の勝利を決定づけてしまったのである。

以上からもわかるように、西軍にとって秀秋の裏切りは予期していたものであり、吉継も万が一にそなえていた。つまり、〝織り込み済み〟の裏切りだったのだ。それよりも西軍にとって痛手となったのは、予期していなかった第2の裏切りや広家の不戦だったのである。

ちなみに、広家は当初から東軍に味方するつもりだったが、毛利一族の総帥・輝元が西軍の総大将になったことから、しかたなく関ヶ原まで来たが、はなから西軍のために戦う気はなかったという。

一方、秀秋は秀吉の養子になったが、秀頼が生まれると秀吉の寵愛も失せ、小早川家の養嗣子に出された。その後、朝鮮に出征させられ、戦場で奮戦したにもかかわらず、国替え（減封）を言い渡された。秀秋はこの冷遇の陰に三成がいると思い、秀吉にも三成にも恩義は感じていなかったのだ。

結局、日本史上最大の裏切り者といわれた秀秋こそ、実は、秀吉による裏切りの犠牲者だったのである。

誤解

福島正則は論功行賞で最大の所領を得た

本当は……

戦後の論功行賞で最大の所領を与えられたのは正則ではなく、75万石の大名となった結城秀康である。

東軍の勝利に終わった「関ヶ原の合戦」後、総大将・徳川家康による東軍の武将に対する論功行賞が行われた。論功行賞とは、合戦に参加した武将らがどのくらいの戦功があったかを論じ、それに応じた恩賞を与えること。恩賞として与える所領（領地）は合戦で打ち負かした敵軍の武将たちから没収・減封・転封によって得たもので、関ヶ原の合戦では西軍に属した諸将らの所領から416万石を没収、また216万石を減封・転封によって得ている（総計632万石余）。

家康は東軍に属した諸将に大盤振舞いともいえる恩賞（所領）を与えた。なかでも福島正則は、尾張国清洲（愛知県清須市）20万石から安芸国広島（広島県広島市）49万8000石に転封となり、一気に約30万石も加増された。

その理由は、正則が豊臣恩顧の諸大名でありながら東軍の勝利のために大いに貢献したからだ。正則の貢献は関ヶ原での本戦での活躍だけではない。

慶長5（1600）年7月25日、家康は下野国小山（栃木県小山市）で「上杉征伐」に従軍した諸将を集めた。そこには正則をはじめ加藤嘉明、黒田長政、池田輝政など豊臣恩顧の諸将がいた。

その席で、家康は石田三成が挙兵したことを告げ、「秀吉公の恩を受けられた方々は早く大坂に戻り、三成に味方したいと思う人もおられるでしょう。そうであれば、そのようにされても少しも恨みに思いませぬので、各自、思うように行動されるがよろしいでしょう」といった。

張り詰めた空気がただようなか、口を開いたのが正則だった。

「挙兵は秀頼公の命によるとのことですが、8歳の幼君がかようなことをお考えとは思いませぬ。これは三成が謀ったことにちがいありません。他の方々のことはわかりませぬが、この正則は内府（家康）にお味方します」

このひと言によって他の豊臣恩顧の諸将も次々と家康に従うことを誓い、東軍は強力な援軍を得ることができた。合戦の行方を左右したこの重要な会議は「小山会議」として広く伝えられている。

戦わずして高評価を得た結城秀康と蒲生秀行

家康は正則の小山会議での発言に感謝し、その貢献に応えて大盤振る舞いの恩賞を行った。そこで、関ヶ原の合戦の論功行賞で最大の恩賞（所領）を与えられたのは正則であると思っている人が多い。

しかし、それは誤解で、実は正則以上の恩賞を与えられた武将がいた。1人は池田輝政であり、三河《みかわ》国吉田（愛知県豊橋市）15万2000石から播磨《はりま》国姫路（兵庫県姫路市）52万石（約37万石の加増）へ転封された。また、黒田長政も豊前《ぶぜん》国（大分県）18万石から筑前国（福岡県）52万石（34万石の加増）へと移されている。

では、輝政や長政が最大の恩賞を与えられた武将かといえば、実は、彼らのように関ヶ原の本戦や前哨戦である岐阜城攻めなどで戦功のあった諸将よりも、さらに多くの恩賞を与えられた武将がいたのだ。

その武将とは家康の次男・結城秀康《ゆうきひでやす》と蒲生秀行《がもうひでゆき》である。秀康は下総国《しもうさ》（千葉県・茨城県）10万1000石から越前国福井（福井県福井市）75万石へ、秀行は下野国《しもつけ》宇都宮（栃木県宇都宮市）18万石から陸奥国会津（福島県会津若松市）60万石へ転封となり、家康から最大級の評価を受けている。

この2人が評価された理由は、会津の上杉景勝に対する押さえの役を果たしたからだ。家康は三成挙兵の急報に接し西上を決意したが、そのさい、気がかりだったのが、会津の景勝の存在だった。家康の軍勢が西上したあと景勝の軍勢が出陣すれば、家康の軍勢は三成の軍勢と景勝の軍勢に挟まれ、壊滅するおそれがあったのだ。

そこで、景勝を封じ込めるために配置されたのが総大将・秀康と秀行であり、結果的に景勝は動くことがなかった。つまり、秀康と秀行は戦わずして論功行賞で最大の評価を得たわけである。

第6章

大化改新は、後世に捏造されたものだった⁉

事件・政変編

誤解

孝徳天皇の時代に「大化改新」が行われた

本当は……

「改新の詔」には後世に手が加えられたと考えられる箇所があり、「大化改新」は行われなかったという説もある。

大化元《たいか》（645）年、時の権力者・蘇我入鹿《そがのいるか》が中大兄皇子《なかのおおえのみこ》や中臣鎌子《なかとみのかまこ》（中臣鎌足《かまたり》。のちの藤原鎌足）に暗殺された（乙巳《いっし》の変）後、軽皇子《かるのみこ》が即位して孝徳天皇が誕生した。

大化2（646）年、4か条からなる「改新の詔《みことのり》」が出され、天皇を中心した中央集権化国家を築くために一大政治改革が行われた。この政治改革を「大化改新」とよび、教科書にも掲載されている。

しかし、近年、この古代の有名な改革に疑問符がつけられるようになってきた。その疑いとは、改新の詔は後世に粉飾されたものではないか、ということ。つまり、現在伝えられている改新の詔というのは、大化2年に発表されたものではなく、もっと後になって誰かがその一部に手を加えた疑いがあるというわけだ。

具体的に説明しよう。疑惑のその1は、詔の第2条。京と地方支配の制度について規定したものだが、その副文のなかに「凡郡以四十里為大郡。三十里以下四里以上為中郡、三里為小郡」という文章があるが、このなかの「郡」が当時はまだつかわれていなかった文字だという。

藤原鎌足の像（談山神社所蔵『鎌足公御神像』）

当時、伝達文書、帳簿、荷札などにつかっていた「木簡《もっかん》」を見ると、大宝令が施行される以前の木簡には「郡」にあたる文字は「評」と表記されていたのだ。

疑惑のその2は、詔の第3条。戸籍・計帳・班田収授の法について規定したものだが、その副文のなかに「凡田長卅歩・広十二歩為段。十段為町、段租稲二束二把。町租稲廿二束」という文章がある。これが大宝元（701）年に制定された「大宝令」や養老《ようろう》2（718）年に制定された「養老令」の文章とまったく同じなのだ。

つまり、改新の詔の条文の文章には明らかに後世の人が手を加えた形跡がのこされており、大化2年当時につくられたとは考えにくいのである。そのため、改新の詔の存在そのものを否定する説や、さらには一大改革と伝えられてきた大化改新も行われなかったのではないかという説さえあるのだ。

では、なぜ後世の人は改新の詔を粉飾したり一大改革をでっち上げたりしたのだろうか。

否定説によれば、その張本人は『日本書紀』の編纂に関わった者たちによるもので、天皇を中心とした中央集権国家が天武・持統朝よりも前の孝徳《こうとく》朝にすでに確立していたことにして、天武・持統朝を権威づけようとしたものだという。

もちろん、この否定説も有力ではあるが、誰もが認めるところにまではなっておらず、孝徳朝に造営された難波長柄豊碕宮《なにわながらとよさきのみや》（前期難波宮）跡（大阪市）の発掘調査の結果、その規模が大きいことから当時の政権が大化改新という一大改革を行ったことを裏付けるという指摘もある。

しかし、もしも否定説のほうが本当であれば、学校の授業や教科書で学んできた大化改新の史実は、とんでもない誤解ということになるのだ。

誤解

遣唐使は菅原道真の建議により廃止された

本当は……

寛平6年以降も道真は遣唐大使の肩書を名のっており、遣唐使は廃止されたわけではなく停止・中止になったのである。

古代、日本は中国からさまざまな制度や文化・技術を吸収するために何度も外交使節を隋《ずい》や唐《とう》に派遣した。彼らは遣隋使・遣唐使とよばれ、日本の繁栄に大いに寄与した。

しかし、寛平《かんぴょう》6（894）年、宇多《うだ》天皇の時代に約60年ぶりに遣唐使の派遣が計画されたにもかかわらず、遣唐使は廃止されてしまった。原因は遣唐大使に任命された菅原道真《すがわらのみちざね》が天皇に上奏文を提出し、派遣の見直しを建議したことにある。

道真は第2章で述べたように、宇多天皇の信任が厚い文人政治家として重用されたが、宇多天皇の次の醍醐《だいご》天皇の時代に有名な大宰府への左遷事件があり、当地で失意のまま没した。その道真が提出した上奏文には、当時の唐は衰退しており日本から危険をおかしてまで遣唐使を派遣する意味がないことが書かれていた。

この道真の建議によって遣唐使は廃止となり、古来、何度も行われてきた中国への派遣がなくなり、日本には唐風文化ではない日本固有の国風文化が繁栄するようになった。というのが、これまでの定説だったが、近年、この説は誤解になりつつある。

なぜなら、遣唐大使に任命された道真も、一緒に遣唐副使に任命された紀《き》長谷雄《はせお》も、〝廃止〟になったあとも遣唐大使・遣唐副使の肩書きを引きつづき名のっていたからである。

つまり、寛平6年に計画された遣唐使の派遣は取りやめになったが、いつまた計画が実施されるかわからず、肩書きはそのままだったというわけだ。

ところが、その後、道真は左遷され、唐も滅亡してしまい、計画は実施されないまま遣唐使の派遣はなくなったというのが実情である。したがって、遣唐使は道真の建議によって廃止されたのではなく、一時的に「停止」「中止」されたというべきなのだ。

なんだか屁理屈《へりくつ》のようだが、昔はこの出来事を「894年、遣唐使廃止」と一生懸命暗記した人も多いはずだ。いまの日本史の試験では「廃止」と書くと不正解にされることもあるだけに、大きな変化である。

また、寛平6年以降、日本は国風文化が主流になったという見方も誤解で、その後も日本は中国文化を吸収し、とくに貴族の教養として中国文化は必須のものだったという。

現代でも「臨時休業」にしたあと一度も営業することなく、知らない間に「閉店」していた店があるように、廃止と停止・中止の判定はむずかしい。

誤解

鎌倉幕府は1192年に開かれた

本当は……

現在、鎌倉幕府の成立時期については1180年説や1185年説など諸説あり、1192年説を否定する説が有力である。

中学や高校の日本史の試験を前に、出来事とその年を暗記するために語呂合わせをした、という人も多いのではないだろうか。そのなかでも、よく暗唱されたのが「いい国(1192)つくろう鎌倉幕府」だ。その意味は、建久3(1192)年に鎌倉幕府が開かれた(成立した)というもの。語呂もよく、覚えやすかった。

ところが、近年、この語呂合わせはつかえなくなってきた。建久3年に鎌倉幕府が開かれたという従来の通説は、現在では否定されつつあり、日本史の誤解の1つになってきたのだ。

1192年説の根拠は、この年に源頼朝《みなもとのよりとも》が征夷大将軍《せいいたいしょうぐん》に任命されたことである。江戸幕府は慶長《けいちょう》8（1603）年、徳川家康《とくがわいえやす》が征夷大将軍に任命された年に開かれており、同様に鎌倉幕府も1192年に開かれたと考えられてきた。

しかし、頼朝が征夷大将軍（以下、将軍）に任命された当時は、必ずしも将軍と幕府は一体化していなかった。また、鎌倉時代も室町時代も将軍が不在の時期があり、幕府の成立に将軍は不可欠というわけでもなかった。そもそも「鎌倉幕府」という用語は明治時代になってからつくられたもので、頼朝や北条政子《ほうじょうまさこ》がつかっていた用語ではないという。

では、いったい鎌倉幕府はいつ開かれたのか（成立したのか）というと、これには諸説あって、現在のところ定説がないというのが定説である。諸説にはどんなものがあるのか、見てみよう。

①　１１８０（治承《じしょう》４）年説　この年、頼朝の挙兵によって南関東に軍事政権が成立した。幕府を「戦争によって生まれた軍事政権」と定義するなら、最もふさわしい説といえる。

②　１１８３（寿永《じゅえい》２）年説　この年、頼朝は朝廷から宣旨《せんじ》（天皇の命を伝える文書）を与えられた。これは頼朝が朝廷から、東国での庄園（荘園）、国《こく》衙領《がりょう》に対する支配を公認されたことを意味する。

③　１１８４（元暦《げんりゃく》元）年説　この年、公文所《くもんじょ》（政務と財務をつかさどる機関。のちの政所《まんどころ》）と問注所《もんちゅうじょ》（裁判事務をつかさどる機関）が設置された。幕府の機関が成立した年である。

④　１１８５（文治《ぶんじ》元）年説　この年、頼朝は日本国総追捕使《にほんこくそうついぶし》・総地頭になった。時の最高権力者・後白河《ごしらかわ》法皇に守護・地頭設置の権限を認めさせた年である。

⑤　１１９０（建久元）年説　この年、頼朝は右近衛大将《うこのえのたいしょう》に任命された。

当時、近衛府の長官である近衛大将のことを幕府とよんでいたという説がある。

以上のどの説も通説とはなりえていないが、従来の通説だった1192年説は多くの学者・研究者から否定されており、もはや通説・定説にはなりえない。結局、鎌倉幕府は諸説にあげられたいくつもの段階を経ながら成立していった、というのが実情のようだ。

ちなみに、「いい国（1192）つくろう鎌倉幕府」の語呂合わせは現在、「いい国（1192）つくろう源頼朝」に変わったという。これであれば、1192年に頼朝が征夷大将軍になったことの語呂合わせになり、まちがいではない。

いずれにしても、多くの新説の登場にともない暗記用の語呂合わせも修正を余儀なくされ、「1156（いい語呂）つくろう受験生」が当面の合言葉になりそうだ。

誤解

「下剋上」の用語は戦国時代からつかわれた

本当は……

「下剋上」は戦国時代の特徴的な社会現象ではあるが、鎌倉時代の『源平盛衰記』のなかですでにつかわれていた。

京都の老舗《しにせ》で代々のれんを守ってきた人がいう「この前の戦争」とは、第二次世界大戦ではなく「応仁《おうにん》の乱」のことだという有名な話がある。その応仁の乱は、応仁元（１４６７）年から文明《ぶんめい》９（１４７７）年まで京都を主戦場として11年間にわたってつづいた戦乱だが、戦乱の大半は文明元（１４６９）年以降のことであるため、近年は「応仁・文明の乱」に改められつつある。

応仁・文明の乱は戦国時代の幕開けともいわれ、その後、幕府内では守護が将軍をしのぐようになり、地方では守護代が守護に代わって戦国大名へと発展し、在地武士や農民が国一揆を起こすようになる。こうした社会現象は「下剋上」といわれ、戦国時代の特徴といわれている。

下剋上とは「下、上に剋《か》つ」ということばのとおり、下位の者が上位の者の勢力をしのぎ、その地位にとって代わることであり、その典型としてよく名をあげられるのが、第3章で取り上げた北条早雲だ。早雲は一介の素浪人から身を起こし、相模（神奈川県）一国を平定して戦国大名となった〝下剋上の雄〟といわれている。他にも、〝国盗り物語〟を実践した〝まむしの道《どう》三《さん》〟こと斎藤道三や将軍・足利義輝《よしてる》を暗殺した松永久秀《ひさひで》など、下剋上の時代にのし上がった戦国武将がたくさんいた。

そこで、下剋上という歴史用語は室町時代後期から戦国時代にかけてつかわれだしたと思いがちだが、実は、下剋上は鎌倉時代の『源平盛衰記《げんぺいせいすいき》』にすでにつかわれはじめていたのだ。

また、後醍醐天皇の建武新政を批判した「此比《このごろ》都ニハヤル物」ではじまる有名な「二条河原落書《らくしょ》」のなかにも、「下剋上スル成出者《なりでもの》（成り上り者のこと）」という文言が見える。

つまり、下剋上は戦国時代の特徴的な社会現象ではあるが、それ以前からつかわれていた歴史用語だったのである。ちなみに、現代社会でもビジネスやスポーツの世界では日々、下剋上の戦いがくり広げられており、企業戦士やアスリートにとっては、現代も戦国時代のようなものかもしれない。

誤解

現在の天皇は南朝の皇統

本当は……

南朝の後亀山天皇から北朝の後小松天皇に神器が渡され、南北朝が合体されたあと、皇位は北朝の皇統の天皇が受け継いだ。

今上天皇は第125代の天皇であるが、歴代天皇には他に北朝5代の天皇がいる。北朝というのは南北朝時代のときの2つの朝廷の1つであり、元弘《げんこう》元（1331）年、鎌倉幕府が擁立して即位した光厳《こうげん》天皇にはじまる皇統が北朝である。

北朝は後深草《ごふかくさ》天皇の流れをくむ皇統であり、後深草天皇が京都の持明院《じみょういん》を院御所としたことから持明院統の朝廷といわれる。北朝の天皇は光厳をはじめ光明《こうみょう》・崇光《すこう》・後光厳《ごこうごん》・後円融《ごえんゆう》の5代をいう。後円融のあとの後小松《ごこまつ》天皇は北朝の6代天皇にあたるが、南北朝が合体し第100代天皇として125人の歴代天皇のなかに含まれている。

これに対して、光明天皇が擁立されたとき、京都から吉野（奈良県）に逃

【北朝と南朝の天皇略系図】

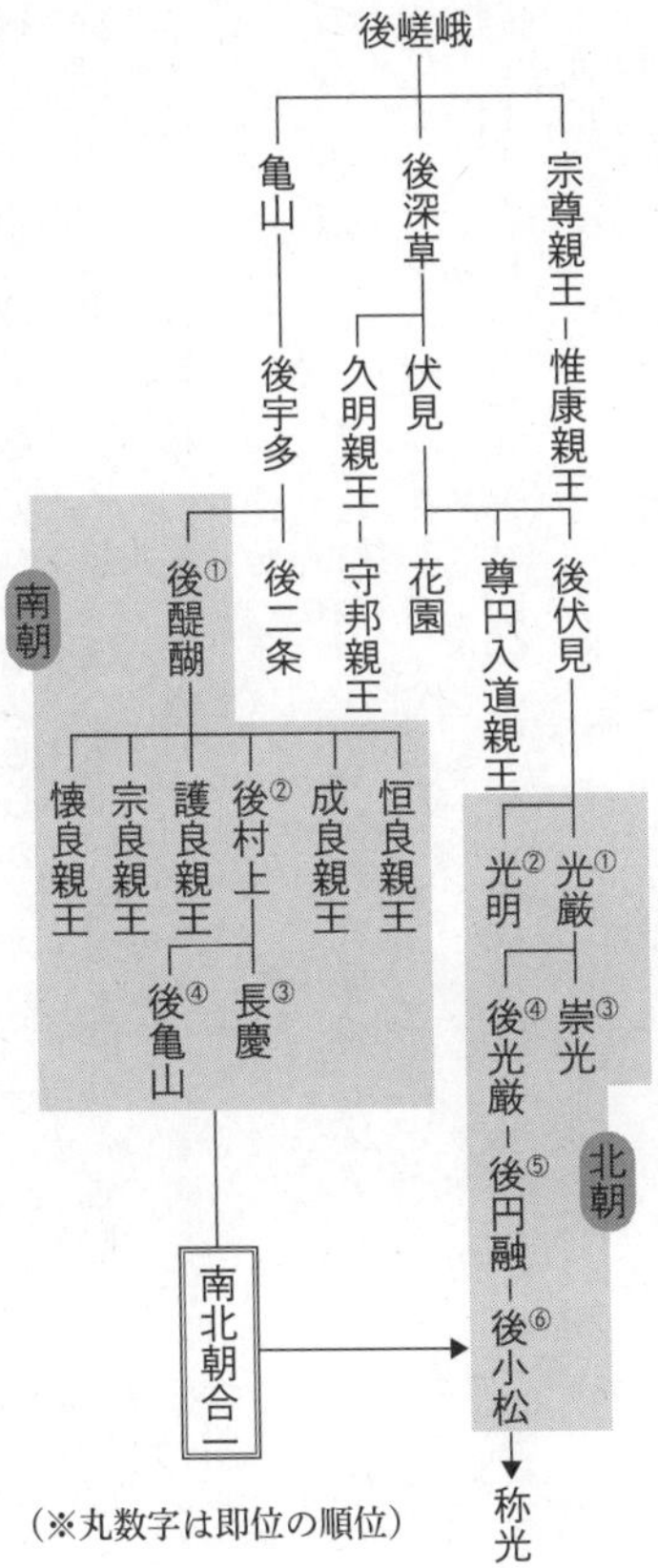

（※丸数字は即位の順位）

れた後醍醐天皇にはじまる朝廷が南朝である。

南朝は亀山《かめやま》天皇の流れをくむ皇統であり、亀山天皇が京都の大覚寺《だいかくじ》を院御所としたことから大覚寺統の朝廷といわれる。南朝の天皇は後醍醐をはじめ後村上《ごむらかみ》・長慶《ちょうけい》・後亀山の4代をいう。

その後、明徳《めいとく》3・元中《げんちゅう》9（1392）年に南北朝は合体されたが、初代の神武《じんむ》天皇から今上天皇までを125代と数え、別に北朝5代をあげることから、南北朝が合体されたあとは南朝の皇統が今日までつづいていると誤解している人がいる。

南北朝の合体は、室町幕府3代将軍・足利義満《あしかがよしみつ》によって実現したが、その内容は南朝の後亀山天皇が入京し、北朝の後小松天皇に神器を渡し、その後の皇位は両朝交互とするというものだった。

ところが、神器は後小松天皇に渡されたものの、その後、皇位は両朝交互とはならず北朝の皇統に受け継がれていったのである。つまり、現在の今上天皇もまた北朝の皇統の天皇なのだ。

南北朝の合体以後、朝廷は両統迭立《りょうとうてつりつ》という対立状態におちいることはなかったが、その後も武家政権との確執はつづいた。

誤解

「倭寇」は日本人による海賊集団

本当は……

前期倭寇の主力は朝鮮人、後期倭寇の大半は中国人であり、倭寇のなかに日本人は1〜2割程度しかいなかった。

日本は古代、「倭《わ》」「倭国《わこく》」とよばれた。中国側からの日本に対する呼称で、『魏志《ぎし》』のなかにも「倭人伝《わじんでん》」として登場する。ヤマト政権はその後、国名を「日本」としたが、中国は中世まで倭をつかいつづけた。

鎌倉幕府が滅亡し、南北朝の動乱がつづくなか、朝鮮半島や中国大陸の沿岸に海賊集団が現れ、沿岸の人々を捕虜にしたり食料を奪ったりした。朝鮮や中国はこの海賊集団を「倭寇《わこう》」とよび、たびたびの被害に悩まされた高麗《こうらい》

（朝鮮）は日本に使者を送り、倭寇の禁圧を求めた。

こうした史実から、従来、倭寇とは北九州や瀬戸内海の沿岸の漁民や土豪らによる海賊集団と伝えられてきた。鎌倉時代、モンゴル（元）軍の九州襲来を「元寇」とよんだように、日本人の海賊が朝鮮や中国を襲撃したから倭寇というわけだ。

しかし、近年の研究で、この従来の説が誤解であったことが明らかになってきた。まず、倭寇のうち観応《かんのう》元・正平《しょうへい》5（1350）年以降、14～15世紀に朝鮮半島や中国大陸沿岸で海賊行為を行った倭寇を「前期倭寇」と称するが、その主力は高麗人など朝鮮人であり、日本人は1～2割しかいなかった。

また、16世紀に密貿易が横行した時代に活動した倭寇を「後期倭寇」と呼ぶが、この大半も中国人で、日本人はやはり1～2割しかいなかったという。

倭寇とよばれた中国人や朝鮮人は日本人の服装をして日本語を話していたというから、たしかに日本人に見えたかもしれない。しかし、後期倭寇のなかにはポルトガル人やスペイン人まで含まれており、こちらはさすがに見た目だけでも倭寇とよぶのにはムリがあったはずだ。

誤解

「島原の乱」はキリスト教徒の反乱

本当は……

「島原の乱」は、苛酷な年貢の取り立てとキリスト教徒への弾圧に抵抗した、土豪と農民による一揆だった。

日本史の授業や教科書では、いくつもの有名な一揆や反乱を学ぶ。そのなかで、長い間、誤解されてきたのが「島原の乱」だ。

島原の乱は、肥前国島原（長崎県島原市）藩主・松倉勝家がキリスト教徒を弾圧したことに対し、第2章で取り上げた天草四郎時貞《ときさだ》が総大将となって、島原と肥後国天草（熊本県）のキリスト教徒（キリシタン）を率いて起こした一揆である、と学んできた人が多いと思う。

ところが、近年、この通説は誤解とされ、教科書の記載も変わってきている。島原の乱の経緯をふり返ってみよう。寛永《かんえい》14（1637）年10月、島原の有馬村でキリスト教の布教を行う集会があり、翌日、島原藩の代官が2人の農民（百姓）を捕らえて処刑した。

その後も集会は開かれ、代官が解散させようとすると、キリスト教徒らが代官を殺害して蜂起。各地のキリスト教徒も呼応し、島原城下に迫り島原藩の城兵と戦闘を開始した。反乱軍の総大将・天草四郎時貞が3万7000のキリスト教徒を率いて原城に立て籠もると、同年12月に幕府軍が駆けつけて20日に総攻撃を開始した。

しかし、翌年1月、幕府軍の総大将・板倉重昌《いたくらしげまさ》が討ち死にしたため、代わって老中・松平信綱《まつだいらのぶつな》が派遣された。2月27日、幕府軍は総攻撃を開始。翌日、反乱軍を全滅させ、幕府はこの一揆をキリスト教徒による反乱とした。

通説によると、一揆の原因は島原藩主の勝家と天草を領地としていた肥前国唐津（佐賀県唐津市）藩主・寺沢堅高《てらさわかたたか》のキリスト教徒に対する苛酷な弾圧だとされる。たとえば、島原では棄教・転宗しないキリスト教徒を雲仙岳の火口に投げ込んだといわれ、天草ではキリスト教徒に熱湯をかけたり火あぶりにしたりしたと伝えられている。

ところが、近年、この通説に疑問が呈され、一揆の原因が勝家や堅高によるキリスト教徒に対する弾圧だけではなかったことが明らかになってきたのである。

当時の周辺諸藩の史料が伝える一揆の真相とは？

肥後国人吉（熊本県人吉市）藩の『相良《さがら》家年代記』という史料によれば、当時「肥後国では大飢饉で人々は山野に自生する草木の根や葉を食料にした」といわれ、また、オランダ商館長・ニコラス・クーケバックルの日記によると、「肥前国の松倉勝家は領民には取れる限りの税を課し、領民はほとんど餓死寸前で、わずかに木の根、草の根で命を保っていた」という。

勝家にはまだ悪い風聞があり、年貢を納めない農民の母親や妻子を川のなかにつくった〝水籠〟に入れて拷問したほか、納められない農民に蓑《みの》を着せて火をつけたともいわれている。

さらに、熊本藩の塩売り商人が国家老に報告した内容がわかる史料によると、松倉家の年貢の催促は7年越しで行われ、船の損失で生じた300石分をも領民の負担とした。そして、女子を水責めにしたことが一揆の原因だとしている。佐賀藩の国家老も「年貢催促が厳しかったことが事の発端であり」と江戸へ報告しており、当時の周辺の藩では、島原の乱は厳しい年貢の取り立てが原因であると見ていたのだ。

この年貢取立原因説を裏づける次のようなエピソードもある。一揆軍が籠城した原城を幕府軍が包囲したとき、勝家の軍勢が担当した寄せ口に、籠城する農民が近づいてきて「以前は年貢を収めよと水籠に入れて責め苛《さいな》みなさったではないか。そのときのように攻めてこられよ」と挑発したという。つまり、籠城した農民らも一揆が勝家による苛酷な年貢の取り立てに抵抗するものだと認識していたのである。

以上のように、島原の乱の実態は、キリスト教徒に対する弾圧というよりも苛酷な年貢の取り立てに対する一揆の様相が濃厚であり、そこで、現在、教科書や歴史書の島原の乱の表記は「島原・天草一揆」と変わりつつある。

実は、幕府も苛酷な年貢の取り立てこそが第一の原因であることを知っていたふしがあるのだ。なぜなら、乱後、勝家は幕府によって所領を没収されたうえ、斬罪に処せられているからである。

斬罪は極刑であり、相当な罪を犯した場合にしか処せられない。通常、武士、それも大名ならなおさらのことだが、何か不始末・不行跡などをした場合には、切腹を命じられた。

勝家の罪がキリスト教徒に対する行き過ぎた弾圧だけであったならば、それは一面、幕府の禁教令に忠実に従ったともいえるわけで、斬罪に処せられることはなかった。幕府は、勝家の年貢の苛酷な取り立てによって領民を苦しめ、一揆を起こさせたことを問題視したからこそ極刑に処したのである。

しかし、藩主の失政は、藩主に任じた幕府の責任でもある。それが表ざたになれば幕藩体制を揺るがすことにもなる。そこで幕府は、それを隠蔽するために島原の乱をキリスト教徒による反乱であると吹聴したのだ。
現代でも、大臣に不始末があると起用した総理大臣の任命責任が問われる。江戸幕府も諸国の藩主の不始末には神経をとがらせていたにちがいない。

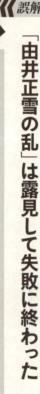

誤解

「由井正雪の乱」は露見して失敗に終わった

本当は……

正雪が乱を起こした本当の目的は、幕府の転覆ではなく幕政の見直しであり、彼はその目的を遂げ、乱は失敗ではなかった。

江戸時代の軍学者・由井《ゆい》（由比）正雪《しょうせつ》（?～1651）の実像は見たことがなくても、映画やテレビのドラマでその容姿を見たことのある人が多いのではないだろうか。多くの侍がちょんまげを結っているなかで、正雪は湯上りの女性のように長い髪を肩まで伸ばした総髪姿で登場する。明らかに、ただものではない雰囲気をかもし出しており、幕府転覆を謀った頭領にふさわしい容貌だ。

正雪が起こした幕府転覆未遂事件は「由井正雪の乱」とも「慶安《けいあん》の変」「慶安事件」ともいわれる。事件は慶安4（1651）年4月、3代将軍・徳川家光が死去し、家光の長男・家綱《いえつな》が4代将軍に就任したばかりのあわただしい時期に発生した。

同年7月23日、老中の1人・松平信綱のもとに、信綱の家臣・奥村権之《おくむらごんの》丞《じょう》の弟・八左衛門ら3人が「軍学者の由井正雪や牢人たちが幕府の転覆を計画しています」と訴え出た。

そんな重大な情報を八左衛門らがどうやって入手したかといえば、実は八左衛門らは正雪の一味だったが、兄の権之丞に問い詰められ隠しきれずに白状したというのだ。

すると、同じ日に、やはり一味の1人・林理左衛門も訴え出て、さらに北町奉行・石谷貞清《いしがやさだきよ》のところにも転覆計画を訴え出る者があった。これらの者の訴えによれば、一味の計画は次のようなものだった。

首謀者は江戸の軍学者・正雪で、牢人9人を引き連れて駿河国（静岡県）の久能山に立て籠もり、そこから各地に指示を出す。江戸では槍の達人・丸橋忠弥《まるはしちゅうや》がリーダーとなり、強風の夜に小石川の塩硝蔵《えんしょうぐら》（火薬庫）に火をつけて騒ぎを起こす。そして、騒ぎを知って老中ら幕閣が江戸城へ駆けつけようとしたところを襲い、老中らを討つ。江戸の騒ぎに呼応して大坂や京都でも騒ぎを起こし、正雪らは駿府城を占拠する。

計画を知った幕府の動きは速かった。その日の夜に江戸の忠弥らを逮捕。その3日後の26日には正雪らが泊まっていた駿府の旅宿「梅屋」を包囲した。すると正雪ら9人は「もはやこれまで」と自害し、計画は未遂に終わったのである。

徳川一門の松平定政が事前に警告していた！

以上が、由井正雪の乱の概要であり、正雪のたくらみは失敗に終わったというのが通説である。しかし、この事件には不自然・不可解な箇所がいくつもあり、これまでの通説が誤解であったおそれも出てきている。

通説を否定する根拠は、幕府転覆計画という大それた陰謀のわりには、あまりにもその内容がお粗末だからだ。まず、江戸幕府およびその臣下である諸大名を敵に回すようになる計画なのに、兵力が小さ過ぎる。

正雪は久能山に立て籠もるため江戸から駿府へと向かったが、一味の頭領を護衛する者が9人というのも少な過ぎるし、正雪が髪を切ることもなく総髪のまま移動したことも不可解だという指摘がある。

幕府は計画を知ると、ただちに正雪の手配書（人相書）を東海道の各地に配布したが、軍学者であればそんなことは十分想定できたはずだ。従って、髪を切って変装するなどしなければいけないのに、正雪は長い髪をなびかせながら「私があの手配書の正雪ですよ」と誇示しているかのように東海道を下っている。

平たくいえば、正雪は本当に幕府を転覆する気があったのか、と思えるくらいすべてが杜撰《ずさん》なのだ。

実は、それもそのはずで、近年の研究によると、正雪には幕府転覆の意志はなかったという。正雪は旅宿で自害したが、そこから遺書が発見されていた。そして、正雪は遺書の冒頭で「自分には幕府転覆の意思はない」とはっきり書いていたのである。

では、なぜ配下の者に「幕府を転覆するぞ」と偽ったのか、老中ならずとも知りたくなる。遺書のつづきにはこうあった。

「天下の制法が無道であって、上下困窮していることは悲しまずにいられない。松平能登守がこれを諫めるために遁世したのに、狂人扱いされて忠義の志は空しくなった。私は天下を困窮させている酒井讃岐守を追放するために謀略をもって人を集めた」

実に具体的であり、乱のいちばんの目的は、牢人や旗本の困窮を救済することだったのだ。ちなみに、遺書のなかにある「上下困窮」とは牢人や旗本が生活に困窮している現状をさしている。

また、「松平能登守」とは徳川一門の三河国刈谷（愛知県刈谷市）藩主・松平定政《さだまさ》のことである。定政は困窮する旗本に心を痛め、慶安4（1651）年7月9日、幕府に旗本救済を訴えたうえ、突然、髪をおろして江戸市中を托鉢して回った（松平定政剃髪事件）。そして定政は、「旗本の困窮を放置すれば大変なことが起きますよ」と幕閣の井伊直孝に警告したのだ。

ところが幕閣は、定政の一件を「狂気の沙汰」として扱い、改易処分にすることで事態の収拾を図った。正雪の事件が発生したのは、その2週間後のことであり、定政の警告どおりの展開になったのである。

正雪が立て籠もろうとした久能山は徳川家康の最初の葬地であり、幕府にとって聖地であった。そこに立て籠もることで正雪は幕政に対する強い不満・批判を表明し、幕政の見直しを迫ったのだ。

同年12月10日、江戸城内で幕閣が牢人問題を協議し、大老・忠勝は牢人の江戸追放を主張したが、阿部忠次が「追放は仁政ではない」と強く反対すると、直孝も同意し、結局、牢人の江戸払いは中止になった。

さらに翌11日、末期養子（跡継ぎがない者が臨終になって相続人を願い出ること）の禁が緩められ、50歳以下の場合は許されることになった。末期養子はこれまで大名改易の理由の1つだったが、それが許されるようになれば改易が少なくなり、しいては牢人の発生も減少する。つまり、由井正雪の乱によって幕府の牢人対策は見直され、正雪の計画は見事に成功したのである。

誤解

「明暦の大火」は振袖が原因

本当は……

「明暦の大火」の原因は「振袖」と伝わっているが、振袖についた火が燃え移るくらいで大火にはならないという指摘がある。

「火事と喧嘩は江戸の花」といわれたように、江戸の町は火事が多かった。なかでも明暦《めいれき》3（1657）年の火事は江戸時代最大級の大火で「明暦の大火」といわれた。同年1月18日のことである。

江戸は本郷・丸山の本妙寺《ほんみょうじ》から出た火は、みるみるうちに広がり、同寺はもとより町家・商家・大名屋敷・旗本屋敷と貴賤の差なくまんべんなく焼いていった。火は江戸城にも飛び、二の丸、三の丸と焼いていき、ついに天守閣も焼け落ちた。結局、2日間で江戸の町の大半を焼き、焼死者は10万7000人に及んだとされる。

この大火はのちに「振袖《ふりそで》火事」とよばれるようになった。その理由は、大火の原因が振袖についた火が原因だったからだという。同日、本妙寺では振袖供養が行われていたが、その振袖は亡くなった娘が次々と袖を通したというわくつきのものだった。

最初の遺族は、娘が亡くなると棺にその振袖をかけて本妙寺に納めた。そこで棺もろとも焼いていれば問題なかったのだが、寺が振袖を焼かずに古着屋に売り払ったことから悲劇ははじまった。

その振袖を買った娘が亡くなり、本妙寺で葬儀になって、また振袖を売って……と同じことを3回くり返すと、さすがに寺も気味が悪くなり、本妙寺で振袖を焼いて供養しようとした。

そして、住職が燃え上がる火のなかに問題の振袖を放り込むと、折からの風にあおられて振袖が火をつけたまま本堂の上まで舞い上がり、あっという間に火が回ったという。

そこで別名、振袖火事ともいうと真面目に信じている人もいる。しかし、これは俗説であり、振袖が大火の原因というのは明らかに誤解である。また、仮に史実だとしても、火がついた振袖が舞い上がったくらいでは大火にはならなかったはずだという指摘もある。

本当の大火の原因は幕府の陰謀だった⁉

そもそも本妙寺から出火した火事は佃島《つくだじま》まで飛び火したものの、海で止まっていたのだ。つまり、江戸の町の大半を焼き尽くすような大火ではなかったのだ。大火になった火の元は、小石川伝通院《でんづういん》前の新鷹匠町《しんたかじょうまち》と麹町《こうじまち》七丁目であり、ここから新たに出た火が大火となったのである。

では、新たな出火の原因は何かというと、なにしろ何もかも燃えてしまったので分析しようもなく、いまだに不明なのだ。ただし、昔から根強く唱えられている説がある。それは幕府放火説である。

当時の老中・松平信綱《のぶつな》は江戸の都市計画の責任者だったが、計画が思うように進まず困っていた。そんな矢先に「本妙寺から火が出た」という報《しら》せがあると、そこは「智恵伊豆」とよばれ切れ者で通っていた信綱のこと、考えることがわれわれ凡人（善良な市民）とはちがった。

これこそ江戸の町を一度きれいにする千載一遇の機会と思いつき、本妙寺の出火を利用して新鷹匠町と麹町七丁目に放火するよう、家来に命じたという。本妙寺の振袖の怪異譚も、2つの放火を隠すためにでっち上げたつくり話だというのだ。

事実だとしたら、多くの市民の命を奪った重大犯罪である。だいたい智恵伊豆とよばれるほど賢かったのなら、本妙寺から火が出る前に智恵を出すべきだったはずだ。

誤解

幕府は赤穂浪士の仇討ちを察知できなかった

本当は……

幕府は上野介に屋敷替えを命じて討入りをしやすくしたように、赤穂浪士の仇討ちを事前に察知し、黙認していた。

元禄《げんろく》15（1702）年12月15日、赤穂浪士の四十七士は吉良《きら》邸に討ち入り、吉良上野介《こうずけのすけ》を殺害して、本懐を遂げた。江戸の多くの民衆は、この「赤穂《あこう》事件」を「義挙」として拍手喝采。「武士の鑑《かがみ》」と誉《ほ》めそやしたが、見方を変えれば、多数の暴徒による犯罪でもある。

そう考えると、こんな重大な犯罪を阻止できなかったことは幕府の大きな失態だが、それほど大石内蔵助《おおいしくらのすけ》をはじめとする四十七士らの動きは秘密裏に行われた、というのが「忠臣蔵」のストーリーだ。

しかし、この見方はいまでは誤解といっていい。言い換えれば、幕府は赤穂浪士による仇討ちの計画を知っていたということである。その根拠は、当時の江戸幕府は全国に情報網をもっており、諸藩の動きを十分に把握していたと考えられるからだ。

赤穂浪士の仇討ちは江戸庶民の間でも噂にのぼっていたくらいだから、幕府が寝耳に水のことだったとは考えにくい。幕府も情報を収集していたはずであり、討入りを事前に察知していたと考えるほうが自然である。

では、なぜ幕府は吉良邸討入り、というか暴徒による犯罪を阻止できなかったのだろうか。実は、幕府は「できなかった」のではなく「しなかった」のだ。つまり、幕府は赤穂浪士による討入りを黙認したというわけである。

江戸城での刃傷《にんじょう》事件のあと、浅野内匠頭《あさのたくみのかみ》が即日切腹という厳罰に処せられると、世論は内匠頭に同情する声が日増しに大きくなった。それとともに、「赤穂の殿様だけ切腹で、吉良はおとがめなしっていうのは、おかしいんじゃねえか」と時の将軍・徳川綱吉の不公平な裁判に対する批判も高まった。そして、いつしか江戸の庶民だけでなく全国の国民が「赤穂浪士の仇討ちはまだかいな」と期待するようになったのだ。

こうした幕府への非難や赤穂浪士への期待という民衆の声が綱吉や幕府に届くと、もはや幕府も世論を無視できなくなった。綱吉の側近・柳沢吉保《やなぎさわよしやす》も「やはり、喧嘩両成敗にすべきだったか」と思い直し、支持率回復のために何か手を打たねばと考えた。

そこで行われたのが、吉良邸の屋敷替えだった。上野介が鍛冶橋《かじばし》から本所《ほんじょ》への屋敷替えを命じられた結果、江戸城郭内の鍛冶橋では赤穂浪士の討入りは困難だったが、周囲に大名屋敷のない本所であれば討入りはぐっとしやすくなった。吉良家の親戚筋の者は「これでは御公儀《ごこうぎ》（幕府）が浅野の家来に吉良殿を討てといっているようなものではないか」と嘆いたほどだ。つまり、この屋敷替えは幕府が赤穂浪士の討入りを後押しするものだったのだ。

そして、幕府が赤穂浪士の仇討ちを察知していた何よりの証拠が、内蔵助が赤穂藩主の菩提寺・花岳寺《かがくじ》（兵庫県赤穂市）の住職に宛てた手紙のなかで「私たちが江戸入りしたことで、世間ではいろいろ取り沙汰しているようです。老中の耳にも達しているはずですが、公儀からは何の干渉もありません。討ち入るまで、このまま見逃してくれるようです」と述べていることだ。
さらに、吉良邸討入りの急報を聞いた上野介の子・上杉綱憲《つなのり》が助勢のために出陣しようとすると、高家《こうけ》の畠山義寧《はたけやまよしやす》が現れ、「兇徒は公儀が成敗するので、討手を出すことは控えるように」という老中の指示を伝えたというから、これはもう完全に幕府〝公認〟の討入りだったといっていいだろう。いまも昔も、為政者というものは支持率が気になるようだ。

誤解

吉良邸討入りは雪降るなかでの出来事

本当は……

赤穂四十七士が吉良邸に向かったとき、すでに雪は止んでいたし、一同が身に着けた装束も史実とは異なるものだった。

元禄《げんろく》15（1702）年12月14日、大石内蔵助ら赤穂四十七士は本所に入り、夕刻までに堀部安兵衛《ほりべやすべえ》と杉野十平次《すぎのじゅうへいじ》の借宅へ集結した。翌15日午前4時ころ、黒地に白いギザギザ模様の入山形というお揃いの羽織で身支度を終えた一同は、降りしきる雪のなかを吉良邸に向かって行進した。

四十七士は二手に別れ、内蔵助以下23人は表門から、内蔵助の子・主悦《ちから》以下24人は裏門から討ち入った。内蔵助が山鹿流《やまがりゅう》の陣太鼓を打ち鳴らし、赤穂浪士と吉良家の家臣らが入り乱れて戦ったが、1時間ほどで決着がついた。空が白みはじめるころ、炭小屋に隠れていた吉良《きら》上野介《こうずけのすけ》を見つけ、外に引きずり出して命を奪い、首を斬り落とした。

というのが忠臣蔵のクライマックスであり、映画やテレビのドラマで何度も目にしてきたシーンである。しかし、この名場面の多くは史実とは異なり、誤解にもとづくものだという。

まず、当日の天候は晴れだった。雪が降ったのは12月13日で、四十七士が本所に集まったときには、雪は止んでいた。したがって、降りしきる雪のなかを吉良邸に向かったというのも誤解であり、本懐を遂げたあとに一行が泉《せん》岳寺《がくじ》に向かったシーンで雪を降らせたのは完全に脚色である。

討ち入りの場面を描いた浮世絵（国立国会図書館所蔵『北斎仮名手本忠臣蔵』より）

誤解はまだある。討入りのさいに四十七士が羽織っていたお揃いの入山形の羽織は、後世の名作『仮名手本忠臣蔵』の舞台衣装から誕生したもので、当日、実際に着ていたものではなかった。

内蔵助は討入りの1か月余り前に江戸に入ったが、そのとき同志たちに示した覚書には、討入りの装束は黒の小袖、股引《ももひき》、脚絆《きゃはん》、わらじと定められていた。

また、やはりドラマでおなじみの山鹿流の陣太鼓も、実際にはつかわれなかった。前述の覚書によると、「引き上げの合図は銅鑼《どら》を鳴らすこと」とあり、内蔵助がたたいたと思われるのは、陣太鼓ではなく引き上げ用の銅鑼だった。さらに、上野介が隠れていた場所も炭小屋ではなく、実際は台所の脇の物置だったとされる。

とはいっても、いまさら忠臣蔵のドラマを史実に忠実に再現し、雪も降らないなか黒の小袖に股引というきわめて地味な装束を身に着けた一行が登場し、内蔵助がガーンと中華飯店のように銅鑼をたたいても、視聴者は喜ばないだろう。

誤解

幕府はペリーの黒船来航を知らなかった

本当は……

幕府はオランダから提出された国王からの勧告書や「風説書」によって、アメリカ船の来航を事前に察知していた。

幕末の有名な狂歌に、「泰平のねむりをさます上喜撰《じょうきせん》たった四はいで夜も

大統領の国書を幕府に引き渡す場面を描いた銅版画（下田了仙寺所蔵『ペリー提督日本遠征記』より）

ねられず」というものがある。「上喜撰」とはお茶のことで黒船の「蒸気船」にかけている。また、「四はい」は「四杯」でお茶と黒船の数のこと。「たった」とはいうが、お茶も4杯も飲めば人によっては眠れなくなるし、まして黒船が4隻も現れたらおどろかない人はいない。

そこで、江戸庶民だけでなく幕府も突然の来航におどろき、あわてふためいたと思っている人もいるようだ。つまり、幕府はペリーの黒船の来航を知らなかったという説だが、それは誤解である。

アメリカ東インド艦隊司令長官マシュー・カルブレイス・ペリーが指揮する黒く塗装された4隻の軍艦が、江戸湾入口の浦賀沖に現れたのは嘉永《かえい》6年(1853)年6月のことだった。

外国船(異国船)の来航は、これが初めてではなく、寛政《かんせい》4(1792)年にロシア使節ラクスマンが根室に来航して以来、日本の近海にはロシアやアメリカ、イギリスなどの外国船が来航しており、幕府は文政《ぶんせい》8(1825)年には「異国船打払令《いこくせんうちはらいれい》」(無二念《むにねん》打払令ともいう)を出して、「異国船がやってきたら問答無用で、砲撃して追い払え」と国際ルールを無視した対応を諸大名に命じている。

しかし、それでも外国船はやってきて、天保《てんぽう》8(1837)年に浦賀沖で追い払ったモリソン号があとでイギリスの船(実はアメリカの商船)だと知ると、「アヘン戦争」の中国の二の舞いになるのではないかと急に心配になった。

すると、外交政策は一転し、異国船打払令をやめて「薪水給与令《しんすいきゅうよれい》」を発令。

「異国船がやってきたら、失礼のないように、怒らせないように、ていねいに対応せよ」と諸大名に〝おもてなし〟を命じた。

こうして、幕府の外交政策はくるくると変わったが、その間、幕府中枢では列強諸国の動向を知るために情報を収集しており、黒船の来航を知らなかったとは考えにくいのだ。

それを裏づけるのが、弘化《こうか》元（1844）年、オランダから幕府に提出されたオランダ国王ウィリアム2世から将軍に宛てた開国勧告の手紙と「風説書《ふうせつがき》」である。そのなかでオランダは幕府に、アメリカの使節派遣が近づいていることやペリーが軍艦を用意していることを知らせ、何らかの対策を講じる必要があると警告している。

従って、幕府は、ペリーの動きを正確に把握しており、黒船の来航も事前に察知していたが、対応が遅れ、問題解決能力に欠けていたということになるだろうか。

誤解

「薩長連合」は討幕のための軍事同盟

本当は……

薩長連合で結ばれた6か条の内容は、薩摩が長州に向けて表明した行動方針の約束であり、同盟には相当しない。

「関ヶ原の合戦」で毛利氏も島津氏も西軍に属し、敗戦後は外様大名として徳川将軍家の臣下となった。その毛利氏と島津氏が藩主となった長州藩（萩藩）と薩摩藩（鹿児島藩）が、合戦から266年後の幕末に密談し、討幕のために手を結んだのが「薩長連合」（薩長同盟ともいう）だ。

慶応《けいおう》2（1866）年、それまで犬猿の仲だった両藩を引き合わせ、密談のテーブルにつかせたのは、土佐（高知県）出身の坂本龍馬《さかもとりょうま》と中岡慎太郎《なかおかしんたろう》といわれている。同年1月21日（22日とも）、京都で龍馬同席のもと長州の木戸《きど》孝允《たかよし》と薩摩の西郷隆盛《さいごうたかもり》が会い、討幕のために6か条からなる秘密軍事同盟を結んだ、というのがこれまでの定説である。

ところが、近年、薩長連合を軍事同盟とすることが誤解である可能性が大きくなってきた。

薩長連合は、①幕長開戦の場合、薩摩が京坂方面の兵力を増強して後方支援を行う、②非開戦の場合も含め、薩摩は朝廷に向けて尽力する、③一橋《ひとつばし》慶喜《よしのぶ》、会津藩主・松平容保《まつだいらかたもり》、桑名藩主・松平定敬《さだあき》が周旋尽力の道をさえぎるときは決戦におよぶ、などを内容とし、一見するとたしかに軍事同盟のように思える。

薩長同盟の立て役者といわれる坂本龍馬の肖像画（国立国会図書館所蔵）

しかし、佛教大学教授（明治維新史）の青山忠正氏によると、薩長連合の「基本的内容は、薩摩側から木戸に向けて表明された行動方針の約束である。双務的な意味での同盟には相当しない」（青山忠正著『日本近世史⑥明治維新』吉川弘文館）とし、薩長連合の「実態は毛利家当主の官位復活をめぐる覚書であり、倒幕を意図した軍事同盟などと言えるものではない」（『朝日新聞』２０１６年９月４日付）という。

毛利家当主とは毛利敬親《たかちか》のことであり、「禁門《きんもん》の変」のあと「朝敵」とされ、官位を剝奪されていた。木戸はその官位復活のため薩摩が朝廷にはたらきかけてくれるよう頼むために会談に出席したというわけである。

また、薩長連合の立役者は薩長の間に入って、公正中立な立場で両者に手をにぎらせた坂本であるというのが定説である。しかし、これも近年の研究では、坂本は「薩摩藩のエージェント的な立場で動いていた」という見方が有力になっており、公正中立な立場というのは誤解になりつつあるという。

しかし、誤解はあったにしても、関ヶ原の合戦で敗れた薩長両藩がその後の討幕の主力となり、明治維新政府を樹立したことには相違がない。つまり、両藩は２６０年余をかけて徳川氏にリベンジしたのである。

第7章

江戸時代、日本は鎖国をしていない⁉

政治・行政編

誤解

大和朝廷は朝鮮半島に任那日本府を置いた

本当は……

4世紀の日本には、まだ朝廷とよべるような政治組織はつくられておらず、任那を支配していたという史実もない。

『日本書紀』には「任那《みまな》」という朝鮮半島の地名が頻繁に登場する。書紀によると、4世紀後半頃、大和朝廷は朝鮮半島南部に進出し、そこに統治機関としての任那日本府を置き、任那を植民地のように支配・経営した。その支配は562年に任那が滅亡するまでつづいたという。

つまり、古代、朝鮮半島南部に任那という地があり、大和朝廷がそこに統治機関を置いて支配していたというのだ。任那とは朝鮮半島の小国群からなる加耶《かや》（伽耶とも書く）の汎称であり、「加羅《から》」ともいった。大和朝廷はその加耶の全域を支配下に置いていたというわけである。そして、このことは古代史学会の揺るぎない定説だった。

ところが、その後、それは大きな誤解であることが判明した。まず、4世紀の日本には、まだ「大和朝廷」とよべるような発達した政治組織はつくられていなかった。また、大和朝廷が加耶を支配していた事実はなく、加耶の諸国は小さいながら政治的独立を保っていたという。

そこで、最近の教科書には大和朝廷は「大和政権」「ヤマト政権」「大和王権」「ヤマト王権」などと記されるようになり、任那は加耶と表記されるようになっている。

では、『日本書紀』が何度も記載した任那とは何だったのだろうか?

これについては、加耶諸国の1つである金官国《きんかんこく》の別名とする説がある。また、任那日本府の実態についても、現地の倭人（日本人）集団による組織のこと、現地に倭国から派遣された使者のことであるなどのさまざまな説が唱えられている。

結局、ありていにいえば、『日本書紀』編纂期の日本が、自分の国を大きく見せようとして、つい〝見栄〟をはってしまったというところだろうか。

誤解

日本最初の憲法は「憲法十七条」

本当は……

「憲法十七条」は官人に対する道義的訓戒や服務規律をまとめたもので、国家の最高規範である憲法とは異なるものである。

「日本国憲法」は昭和21（1946）年に公布された憲法だ。それまでは明治22（1889）年発布の（発効は翌年）「大日本帝国憲法」（明治憲法）だった。ちなみに、「公布」も「発布」もほぼ同じ意味だが、なぜか日本国憲法は発布といわず公布といい、大日本帝国は公布といわず発布という。

それはともかく、大日本帝国憲法から日本国憲法に改正されたように、大日本帝国憲法の前にも日本には憲法が存在したと思っている人がいるようだ。その憲法とは、推古《すいこ》12（604）年に聖徳太子が制定したと伝えられている「憲法十七条」（十七条憲法ともいう）。

しかし、この憲法十七条は「憲法」と称しているが、のちの律令や近代法とは異なるものだ。たとえば、第一条に「和を以《もっ》て貴《たっと》しとなし、忤《さか》ふる（逆らうの意）こと無きを宗《むね》とせよ」とあるように、その内容は法令というより、朝廷につかえる官人（役人）に対する道義的訓戒や服務規律をまとめたもので、国家の最高規範である、現代でいう憲法とはほど遠いものである。

もっとも、「和を以て貴し」の精神は、いじめや虐待、パワハラなど人間関係がぎくしゃくしている現代社会にこそ必要なものかもしれない。

誤解

律令体制は墾田永年私財法によって崩れた

本当は……

「班田収授法」では口分田が不足して税収を上げることができなかったが、墾田永年私財法によって律令体制は強化された。

「大化改新」を行った孝徳《こうとく》天皇の時代に出されたといわれる「改新の詔《みことのり》」は、それまで王族や豪族が所有していた私有地を廃して、土地・人民を国家の所有とする公地公民制をめざした。その具体的な政策が「班田収授法《はんでんしゅうじゅのほう》」であり、6歳以上の男女に一定の面積の口分田《くぶんでん》が与えられた。口分田は売買が禁じられ、亡くなった人の口分田は6年ごとにやってくる「班年」のときに収公（没収）された。

これによって時の政府は税収を確実にできると目論んだが、その読みはもろくも崩れる。その後の人口の増加によって、人民に与える口分田が不足するようになったのだ。

困った政府は、養老《ようろう》7（723）年に「三世一身法《さんぜいっしんのほう》」を出し、未開地を開墾した者には三世の間、土地の保有を認め、開墾を奨励した。しかし、この法令ではいずれまた土地は収公されてしまい、現代流にいえば人民のモチベーションが上がらなかった。

すると、天平《てんぴょう》15（743）年、今度は「墾田永年私財法《こんでんえいねんしざいのほう》」を出して、開発した土地を永年にわたって保有することを認め、その代わり、税を納めることとした（輸租田《ゆそでん》という）。

さすがに、これであれば誰もがやる気を出して、貴族や寺院・豪族らは広大な土地を開墾して（実際は農民に開墾させて）各地に「初期荘園」とよばれる私有地をつくっていった。

そこで、従来、この墾田永年私財法が公地公民制を形骸化し、しいては律令体制の崩壊のはじまりとなったと考えられてきた。

しかし、近年、この従来の定説は誤解と見られるようになっている。どういうことかといえば、当初の班田収授法では口分田も不足して税収を上げることができず、律令体制の基盤を支えることができなかった。

一方、これまで公地公民を形骸化したと考えられてきた墾田永年私財法は、私有地とはいっても輸租田であることから国が支配する土地を拡大させ、税収も増大させたとも考えることができる。

つまり、墾田永年私財法が出されたことで、むしろ律令体制は強化されたのである。

誤解

「天皇」や「日本」の称号は推古朝に成立した

本当は……

「天皇」の称号が推古朝に成立したとする説の根拠は近年否定され、現在では天武・持統朝に成立したとする説が有力だ。

日本には古来、天皇家が存続し、『古事記』や『日本書紀』の記述によれば、初代・神武《じんむ》天皇から現在の今上天皇まで125代にわたってつづいているという。つまり、日本には古くから天皇がいたというわけだが、ではいつから「天皇」という称号をつかいだしたのだろうか。

これまで長い間、通説とされてきたのは、7世紀初めの推古《すいこ》天皇の時代(推古朝)に天皇という称号が成立した、というものだ。その根拠は推古朝の法隆寺金堂薬師如来像の光背銘や天寿国曼荼羅繍帳《てんじゅこくまんだらしゅうちょう》の銘文のなかに「天皇」の語があること。

しかし、その後の研究によって、薬師如来像の光背銘も繍帳の銘文も7世紀後半の天武《てんむ》・持統《じとう》朝に制作されたものと考えられるようになり、現在では推古朝成立説はほぼ否定されている。

また、平成10（1998）年、飛鳥池遺跡（奈良県明日香村）で「天皇」と書かれた木簡《もっかん》が発見され、その木簡が天武朝のものと推定されたことから、現在では天武・持統朝に天皇の称号が成立したとする説が有力だ。

つまり、天武朝に天皇という称号がつかわれはじめ、持統朝の持統3（689）年に施行された「飛鳥浄御原令《あすかきよみはらりょう》」で法制化されたというわけである。

また、「日本」という称号は大宝《たいほう》元（701）年に制定された「大宝令」に国号として明記されており、翌年、遣唐使が中国に対して初めて日本という国号を通知しており、この時期に成立したという説が有力だ。

ところが、平成23（2011）年、中国で「日本」という文字が刻まれた墓誌が紹介された。その墓誌が製作された年代は678年頃といわれ、にわかに日本の国号は701年よりも早くからつかわれ出したのではないかともいわれている。さて、「日本」のはじまりはいつなのだろうか。

誤解

南蛮貿易では主に西洋の物品がもたらされた

本当は……

南蛮貿易は日中間の中継貿易であり、日本がポルトガルやスペインから輸入した主なものは中国産生糸などアジアの物品だった。

パンやボタンを英語だと思っている人がいたら、それは誤解である。パン、ボタンのほかカステラ、ブランコなどはポルトガル語からできた和製語だ。天文《てんぶん》12（1543）年、ポルトガル人が種子島《たねがしま》に鉄砲を伝えたあと、日本にはポルトガル人やスペイン人が続々とやってきて貿易を行った。以来、日本には異文化が伝わり、ポルトガル語からできた和製語もできた。

当時、ポルトガル人やスペイン人を南蛮人《なんばんじん》とよんだことから、ポルトガルやスペインとの貿易は南蛮貿易といった。そして、この南蛮貿易によってポルトガル人やスペイン人は本国から鉄砲をはじめ地球儀や地図、メガネ、カステラ、象など南蛮渡来の珍品を運んできては日本に売りつけ利益を上げた、

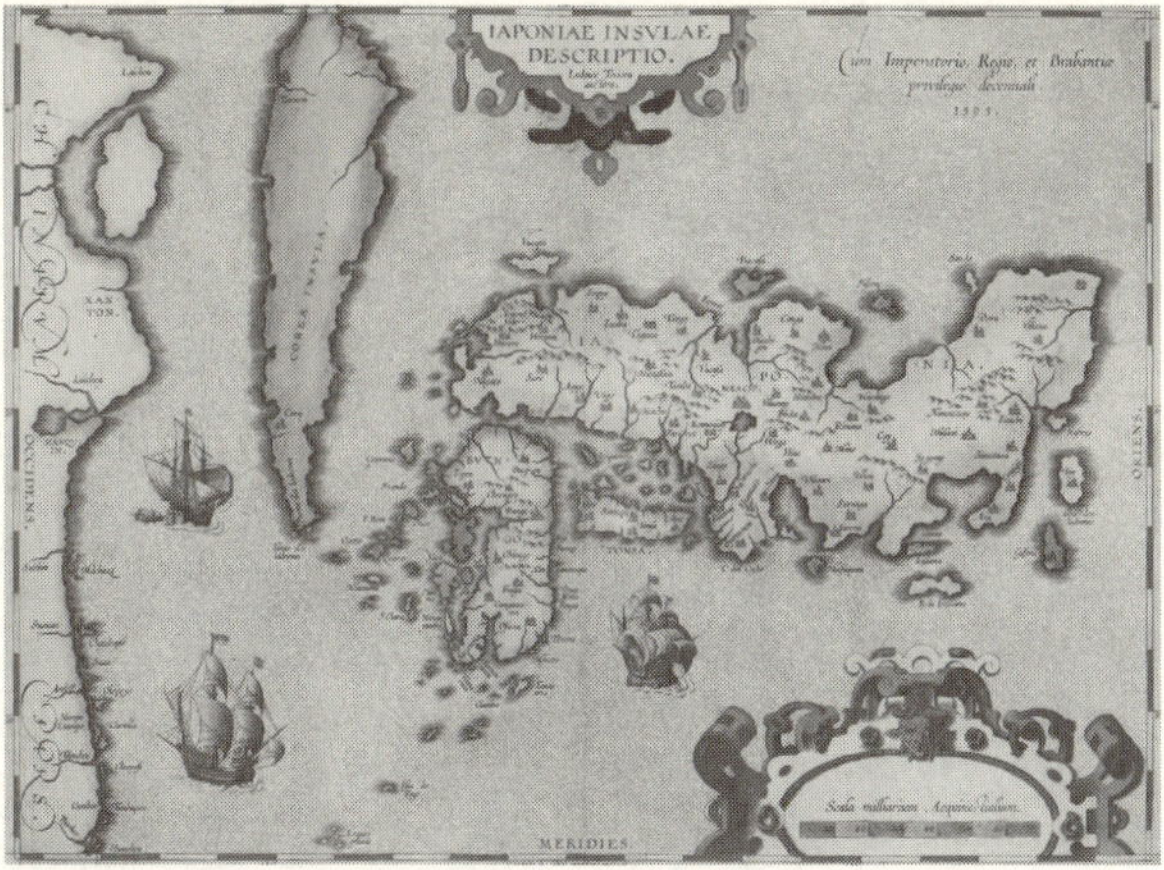

ヨーロッパ最古の単独日本地図（1595年作製。下田了仙寺所蔵）

というのが南蛮貿易のイメージだが、実はこれは誤解である。

南蛮貿易の実態は当時、すでに構築されていた琉球・アンナン（ベトナム）などのアジア人による日本と中国との中継貿易に新たにポルトガル人やスペイン人が参入したものだった。その証拠に、南蛮貿易の日本の主要な輸入品は中国産生糸などアジアの物品であり、輸出品は銀などであった。

ポルトガル人やスペイン人は中国のマカオやインドのゴアに根拠地をおいて、マカオやマニラで中国産生糸を買い付けこれらを日本に運んで売りつけた。また、日本で得た銀をマカオやマニラに運び、中国に輸出して利益を上げていたのだ。

つまり、地球儀やカステラなど正真正銘の南蛮渡来の品は、〝刺身のつま〟のようなもので、けっして南蛮貿易の主要な物品ではなかったのである。

誤解

楽市楽座は織田信長が最初に発案した

本当は……

楽市楽座（楽市令）は、天文18（1549）年に南近江の戦国大名・六角承禎が全国に先がけて発令している。

織田信長の「革新性」を伝える商業政策として、よくとり上げられるものに「楽市楽座《らくいちらくざ》」がある。楽市楽座とは「楽市令」の通称であり、商工業者に自由な商取引・営業活動を認める市場法だ。従来の座（公家や寺社の保護のもと特権を認められた同業者の集団）商人の特権を廃し、座に属さない者でも市に出られるようにした。

従来、支配者は座商人に特権を与える一方で、課税を強化して利益をあげようとした。また、そのために座に属さない者（無許可商人）が陰に隠れて勝手に市を開くことがないよう取り締まってきた。

ところが、既存の中世的秩序をことごとく否定してきた信長は、従来の商慣習にとらわれず逆転の発想で、座の特権を認めずに大勢の者に自由に商いをさせることで経済を活発にしようと考えた。

永禄《えいろく》10（1567）年に美濃国（岐阜県）加納の岐阜城下で布告したのを皮切りに、元亀《げんき》3（1572）年の近江国金森、天正《てんしょう》5（1577）年の近江国安土でも楽市令を発令しているが、なかでも天正5年の安土城下に出したものはよく知られている。

こうした信長の経済政策を見て、楽市楽座（楽市令）は信長が最初に発案したと思っている人が多い。しかし、それは誤解であり、実は信長よりも早く、天文《てんぶん》18（1549）年に南近江の戦国大名・六角承禎《ろっかくしょうてい》が全国に先がけて発令していたのだ。また、永禄9（1566）年には今川氏真《うじざね》も駿河国（静岡県）富士大宮で出しており、信長はこれらの発令を見ながら、自らの政策に取り入れたものと考えられている。

いつの世も、発案者よりも実行した人が有名になると、手柄はその人のものになりがちである。楽市楽座もその典型だったのである。

誤解

豊臣秀吉は惣無事令の発令で平和をめざした

本当は……

秀吉が発令したのは局地的な停戦令であって、全国を対象とする惣無事令と規定すべき法令は発令されていない。

アメリカの第44代大統領バラク・オバマは2009年にノーベル平和賞を受賞した。受賞理由は「核なき世界」への積極的な取り組みが評価されたことによる。日本でも昭和49（1974）年に佐藤栄作元内閣総理大臣が平和賞を受賞しているが、もしも、16世紀、日本の安土桃山時代にノーベル賞が存在していれば、佐藤元首相よりも早く日本初のノーベル平和賞を受賞していたかもしれない人物がいた。

その人物とは、他でもない豊臣秀吉である。天正《てんしょう》13（1585）年、羽柴《はしば》秀吉は朝廷から関白《かんぱく》に任ぜられると、翌年、太政大臣《だいじょうだいじん》に昇進し、「豊臣」の姓を下賜《かし》された。関白になった豊臣秀吉は天皇から日本全国の支配権を委ねられたとして、戦乱の世を終わらせるために全国の戦国大名に「惣無事令《そうぶじれい》」を発し、停戦を命じた。

秀吉はまた、同16（1588）年に農民らによる土一揆を防ぐために有名な「刀狩令」を出して武器を没収したほか、「海賊取締令」（海賊禁止令）によって倭寇などによる海賊行為を禁止した。惣無事令をはじめ刀狩令、海賊取締令など一連の法令は、秀吉が平和な世を築くために発令されたものと解釈され、現在「豊臣平和令」とよばれている。

秀吉はオバマ同様、日本の平和のために戦国大名間の私戦や武士と農民、あるいは村落間の紛争などをなくすために積極的にはたらきかけたのだから、その功績はノーベル賞ものといっていい。

ところが、この〝平和主義者〟秀吉の貴い気持ちがわからず停戦命令に従わなかった戦国大名がいた。九州の島《しま》津《づ》義《よし》久《ひさ》や小田原の北条《ほうじょう》氏政《うじまさ》、東北の伊達政宗らであり、この法令違反の者たちを〝成敗〟したのが秀吉による九州平定や小田原征伐、奥羽平定などだったというわけだ。

以上の話を聞くと、アメリカが〝世界の警察〟として国際紛争の解決に乗り出したように、秀吉もまた〝日本の警察〟を自認して平和のために島津や北条、伊達氏などを服属させたように思えてくる。

しかし、この日本史の教科書にも掲載されている惣無事令について、近年、疑問が呈されている。その主張するところによると、秀吉が戦国大名に発令した停戦命令はいずれも局地的な限定されたものであり、日本全国の戦国大名を対象に一斉に出されたものではないという。

秀吉は関白や太政大臣になったあと、できれば武力に頼らず国を平定したかった。無駄な戦いはしたくないという意味では、平和を望んだといえなくもないが、そこで秀吉は〝抵抗勢力〟に対し、それぞれ個別に「ワシに刃向かったら総攻撃するぞ」と脅して白旗をあげさせようとした。これが惣無事令の実態であり、純粋に日本の平和を望んだものとはいえそうにないのだ。
豊臣平和令の核となる惣無事令は秀吉を美化したドラマづくりには格好の法令であったが、これからは描き方がむずかしくなりそうである。

誤解

江戸城は大改築工事以来、天守閣がない

本当は……

江戸城の大拡張工事が行われて以来、天守閣は3回造営されたが、明暦3年の大火で焼失して以来、再建されなかった。

江戸幕府を開いた徳川家康は江戸城を居城とした。江戸城は長禄《ちょうろく》元（1457）年、戦国武将・太田道灌《おおたどうかん》が最初に築いたが、当時の江戸城は三重の小

規模の城で周囲に深い堀がめぐらされていたが、川越城の支城としての一城塞のようなものだった。

天正《てんしょう》18（1590）年8月1日、家康が江戸に入ったときの江戸城は、石垣はなくなり、代わりに芝の土手が城の周囲にめぐらされていた。城内には粗末な建物が建ち並び、屋根が腐っていたため雨漏りがひどかった。当然、畳も腐り、豊臣政権下の五大老の筆頭格である家康が居城とするにはあまりにもみすぼらしかった。

そこで家康は、2年後の文禄元（1592）年、江戸城の拡張工事に着手したが、本格的に大拡張工事をはじめたのは「関ヶ原の合戦」に勝利し、慶長8（1603）年に征夷大将軍《せいいたいしょうぐん》に任ぜられ、江戸幕府を開いてからのことだった。

慶長9（1604）年、家康は諸大名に命じて江戸城の大改築工事に着手。こうして築城されたのが江戸時代の江戸城であり、現在の皇居である。皇居を見てもわかるように、江戸城には天守閣がない。そこで、江戸城には最初

江戸城の天守閣があった現在の皇居の天守台

から天守閣がなかったと誤解している人も多い。

実は、江戸城には大改築工事のときから3回も天守閣がつくられていたのだ。最初の天守閣は同12（1607）年に完成し、5層5階で天守台の石垣の部分も含めた高さは約60メートルにも達したという（諸説あり）。天守閣は純白の漆《しっ》喰《くい》に鉛瓦が葺《ふ》かれ、「富士山とならび立つ雪山のごとし」といわれたという。

その後、天守閣は元和《げんな》8（1623）年と寛永《かんえい》14（1637）年に新しく造営された天守閣は、3回目に完成した天守閣は、第6章で詳述した明暦《めいれき》3（1657）年の「明暦の大火」で焼失してしまった。風にあおられた猛火は、江戸の庶民が暮らす家だけではなく、江戸城の天守閣ものみ込んだのである。

幕府はただちに本丸の復興に取り組み、万治《まんじ》2（1659）年に加賀（石川県石川市）藩の前田家が天守台の再建に着手した。

ところが、当時の3代将軍・徳川家光を補佐していた会津（福島県会津若松市）藩主・保科正之《ほしなまさゆき》が、「いまは天守閣よりも城下の再建が優先である」という至極もっともな意見により、天守閣の造営は中止となり、以来、再建されなかったのである。

ちなみに、幕閣（江戸幕府の首脳）が天守閣造営中止を決めた背景には、当時の江戸には火災が多く、いつまた罹災するかわからないという危惧もあったといわれるが、皮肉なことに造営を中止して以来、江戸城は200年近く火災にあわなかった。

誤解

武家諸法度は徳川将軍家が初めて構想した

本当は……

武家諸法度全13条は、鎌倉幕府の北条泰時が制定した「御成敗式目」や「建武式目」などの武家法を基本にしたものである。

第5章で述べたように、「関ヶ原の合戦」で東軍に属した福島正則《ふくしままさのり》は大いに活躍して、戦後の論功行賞では破格の恩賞を受けた。それだけ徳川家康に感謝されたわけだが、その後、将軍家と正則の関係は微妙なものになり、家康の死後、2代将軍・秀忠の時代になるとますます距離が遠くなった。

そして、元和《げんな》3（1617）年6月、正則は突然改易を命じられた。理由は広島城の無断修復。正則は安芸国広島（広島県広島市）49万8000石の領地から信濃国川中島（長野県長野市）に移され、そこで4万5000石の領地を与えられて蟄居《ちっきょ》の身となった。

正則の犯した城の無断修復は「武家諸法度《ぶけしょはっと》」違反だった。武家諸法度は江戸幕府が諸大名を統制するために制定された基本法であり、最初の発布は元和元（1615）年といわれている。

「大坂の役」（夏の陣）で豊臣家が滅亡してから2カ月後の同年7月7日。秀忠が京都・伏見城に諸大名を集め、全13条からなる法度（元和令、元和法度）を発布した。この法度は大名の心得、大名が守るべき事柄などからなり、大御所・家康の側近・金地院崇伝《こんちいんすうでん》（以心崇伝ともいう）が条文を起草した。

そこで、武家諸法度は秀忠が最初に構想したと誤解しそうだが、実は、別項でも述べたように家康は将軍職を秀忠に譲ったあとも大御所として幕府の実権をにぎっており、当然のことながら伏見城で秀忠に武家諸法度を発布させたのは家康である。

家康は武家諸法度の発布を早くから構想しており、慶長《けいちょう》16（1611）年から17（1612）年にわたり、諸大名に対して「三カ条誓紙」（三カ条法令）を提示して忠誠を誓わせている。

その内容は、将軍・秀忠から出される「御目録《おんもくろく》」（法典）を遵守すること、法度にそむいた者を隠し置かないこと、大名以下、自分の家臣に反逆人・殺害人として告発された者があれば追放すること、などの3カ条だが、このうちの2つは元和令の第3条と第4条と同じ条項なのだ。つまり、元和令は三カ条誓紙がベースになっていたのである。

ということで、武家諸法度は家康が構想したと思っている人も多いが、それもまた誤解だ。なぜなら、元和令の全13条に規定されていることは、これまで誰も見たことも考えたこともないような革新的なものではなく、諸大名がすでに指示・発令したようなものばかりなのである。

より具体的に見てみると、元和令の第2条は「群飲《ぐんいん》・佚遊《いつゆう》、制すべき事」と規定されている。その意味は、「みんなで集まって酒を飲んだり遊びふけったりしてはいけません」ということ。この規定は約270年前に足利尊氏が発表した「建武式目《けんむしきもく》」の条文を踏襲したものである。

また、第12条（諸国諸侍に倹約を命じた規定）、第13条（国主は政務にふさわしい人材を選ぶべきであるという規定）も、建武式目を踏襲したものだ。つまり、元和令全13条というのは鎌倉幕府の北条泰時《ほうじょうやすとき》が制定した「御成敗式目《ごせいばいしきもく》」（貞永式目《じょうえいしきもく》）や建武式目などの武家法を基本にしたものであり、家康や秀忠など徳川将軍家が初めて構想したものではなかったのである。

誤解

「葵の紋」は徳川将軍家が初めてつかった

本当は……

徳川家「三つ葉葵」の家紋は、本多氏の家紋だった「三つ葵」を原型にしたもので、家康は本多氏と家紋を交換していた。

ご存知「水戸黄門」のテレビ番組では、「葵《あおい》の紋」の入った印籠《いんろう》が重要なはたらきをする。なぜなら、「三つ葉葵」の家紋は徳川家だけのもので、他家の使用が禁じられて、一目見ただけで持ち主が徳川家ゆかりの人とわかったからだ。

水戸黄門こと徳川光圀の「徳川」という名字（苗字）は徳川家康にはじまる。

そこで、葵の紋は家康が最初につかい出したと誤解している人もいる。しかし、葵の紋は家康の先祖・松平氏の家紋なのだ。松平氏の家紋が賀茂神社の神紋の葵だったことから、徳川家も葵の紋をつかったのである。

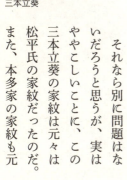

では、松平家と徳川家はずっと同じ葵の紋をつかってきたかといえば、実はそれも誤解なのだ。徳川家には「徳川四天王」とよばれる、家康の創業期にとくに武勲があった武将がいた。酒井忠次《さかいただつぐ》・本多忠勝《ほんだただかつ》・榊原康政《さかきばらやすまさ》・井伊直《いいなお》政《まさ》の4人のことだが、このうち忠勝の本多氏の家紋も葵の紋だが、「三本立葵」といって、徳川家の三つ葉葵とは異なる。

三つ葉葵（徳川葵）

三本立葵

それなら別に問題はないだろうと思うが、実はややこしいことに、この三本立葵の家紋は元々は松平氏の家紋だったのだ。また、本多家の家紋も元は「三つ葵」というものだった。

ところが、永禄《えいろく》3（1560）年、家康が忠勝に「家紋を交換しよう」といい出し、忠勝は断ることもできず、両家の間で家紋が交換された。すると、家康は、本多家の元の家紋「三つ葵」を原型にした「三つ葉葵」を徳川家の家紋とし、他家の使用を禁じたのだ。つまり、徳川家が三つ葉葵の家紋をつかい出す前から、それの元になった葵の紋を本多氏がつかっていたわけだ。

他人がもっているものをやたらに欲しがる人がいるが、家康はまさにそんなタイプだったのかもしれない。

誤解

「慶安の触書」は江戸幕府が発布した法令

本当は……

「慶安の触書」は、寛永6年ごろに甲信地方に流布していた「百姓身持之事」が原型であり、幕府が発布したものではない。

江戸時代、「士農工商」といって農民（百姓）は武士の次に位置されたが、その生活はけっして武士の次に値するものではなかった。「富農」「豪農」といわれる一部の富裕な農民を除いて、多くの農民は悪代官や領主に年貢を厳しく取り立てられ、貧しい暮らしを余儀なくされた。

江戸時代の農民が搾取される立場の人たちだったということを、よく伝えることばがいくつもある。1つは徳川家康がいったという「郷村の百姓共は死なぬように、生きぬようにと合点致し（心得て）、収納申し付けるように」というもの。江戸幕府の年貢徴収の方針について述べたもので、家康の農民観がよくわかることばだ。

家康の側近・本多正信《ほんだまさのぶ》もまた有名なことばをのこしている。自著とされる『本佐録《ほんさろく》』のなかにあることばで、「百姓は財の余らむように、不足なきように、治むること道なり」というもの。

2人のことばを善意で解釈すれば、「農業は大事だから、領主は農民を大切にして、毎年年貢を納められるよう過剰に取り立ててはだめだ。だからといって、余分に与えれば農作業を怠るようになるから注意しろ」というものだろうか。この2人のことばは、現代の時代劇のなかでは、悪代官が「百姓は死なぬように、生きぬようにじゃ」などとつかうようになった。

江戸時代中期になると、もっと具体的に農民から搾取する方法を公言した役人も出た。老中・松平乗邑《のりさと》のもとで年貢増徴政策を推進した勘定奉行・神《かん》尾春央《おはるひで》だ。春央の名は知らない人でも、「胡麻《ごま》の油と百姓は絞れば絞るほど出るものなり」ということばは聞いたことがあるのではないだろうか。

そんな江戸時代に農民に対する基本法令として幕府が発布したのが「慶安の触書《ふれがき》」（慶安の御触書）である。慶安2（1649）年に出されたこの法令は全32カ条からなり、公儀法度の遵守、農耕の奨励、倹約など日常生活の細部まで規定した農民の心得のようなもので、学校の日本史の試験などにもよく出題された。

ところが、近年、この法令が幕府から発布されたという話は誤解だった可能性が高いといわれている。

なぜなら、これほど大事な基本法令であるにもかかわらず、幕府の史料としては『徳川実紀』引用の「条例拾遺」にしか収録されておらず、当然、収録されていると思われた「御触書寛保集成」や「御当家令集」などの法令集に収録されていないからだ。そのため、現在ではその存在は否定され、後世につくられたとする説が有力なのである。

そして、その原型となったといわれるのが、寛永6（1629）年ころに甲信地方に流布していた「百姓《ひゃくしょう》身《み》持《もち》之《の》事《こと》」という36カ条からなる教諭書といわれている。その後、「百姓身持之事」は甲府藩で「百姓身持之覚事」32カ条に改訂され、19世紀になると、よりによって幕府学問所総裁・林述斎《はやしじゅっさい》がこの「百姓身持之覚事」を幕府が慶安2年に発布した触書だといって配布してしまったのだ。

こうして現代までの長い間、「百姓身持之覚事」は「慶安の触書」として多くの日本人に覚えられてきたのである。地位や肩書きのある人だからといって、絶対にミスをしないとはかぎらない。

誤解

「大老」は老中の上に常置された最高職

本当は……

「大老」は徳川家光の時代に土井利勝、酒井忠勝が任ぜられたことにはじまるが、常設ではなく、必要に応じて置かれた。

江戸幕府には、「寛政《かんせい》の改革」や「天保《てんぽう》の改革」で知られる松平定信《まつだいらさだのぶ》・水野忠邦《みずのただくに》などの老中はじめさまざまな役職があった。

老中は現代の内閣を構成する大臣に相当し、禁中・公家・諸大名の統制から幕府諸役人の支配、財政、異国御用など全国支配のための諸政務を行った。2万5000石以上の譜代大名から任命され、定員は4〜5名。いわゆる幕閣といわれる幕府の最高首脳部である。

ところが、幕府にはこの老中よりも上に置かれた役職があった。「桜田門外の変」で暗殺された井伊直弼《いいなおすけ》が任命された大老である。つまり、大老は現代の内閣総理大臣にあたり、老中を指揮し、諸問題を最終的に決断した幕府の最高職のなかの最高職だった、と思ったら大きな誤解だ。

大老は、3代将軍・徳川家光の時代の寛永《かんえい》15（1638）年に土井利勝・酒井忠勝が任ぜられたことにはじまり、幕末までに7人が任ぜられた（異説あり）が、常置の職ではなく必要に応じて置かれた臨時の役職だった。

老中でも心労の多い大変な重職だったが、その上の大老ともなれば心労のほどはさらに大きく、まさに〝大労〟の職だったようだ。

誤解 江戸の町奉行は、正しくは「江戸町奉行」

本当は……

大坂や京都などの町奉行は「遠国奉行」といい江戸の町奉行と区別され、江戸の町奉行は「江戸町奉行」とはいわなかった。

江戸幕府の役職の1つ町奉行は、大岡越前守忠相《おおおかえちぜんのかみただすけ》や遠山金四郎《とおやまきんしろう》などのように時代劇の主役にもなるほど、人々によく知られている。しかし、江戸時代の町は江戸だけではなかったはずだ。歴史的には江戸よりも先に京都や大坂の上方のほうが栄えていた。

ということで、町奉行は江戸だけではなく大坂町奉行をはじめ京都町奉行、駿府《すんぷ》町奉行という職名もあった。大坂町奉行には「大塩平八郎《おおしおへいはちろう》の乱」を起こした元与力・大塩平八郎がいた。駿府町奉行は徳川家康が将軍職を子の秀忠に譲ったあと駿府（静岡県）に移ったさいに創設した。

従って、江戸の町奉行は正しくは「江戸町奉行」という、とものしり顔で語る人がときどきいるが、それは誤解である。京都町奉行や大坂町奉行、駿府町奉行などは「遠国奉行《おんごくぶぎょう》」の1つで職名に地名を冠したが、江戸の町奉行だけは地名をつけずに町奉行と称されたのである。

「神宮」といえば伊勢神宮のことであるように、「町奉行といえば江戸の町奉行に決まってるじゃねーか。そんなことも知らねえのか！」と遠山の金さんが啖呵を切りそうだ。

誤解

三奉行のなかで町奉行が最上位の奉行

本当は……

寺社奉行・町奉行・勘定奉行の三奉行のうち、最上位とされたのは寺社奉行であり、老中へと昇進するコースもあった。

近年はパソコン用会計ソフトを思い浮かべる人もいるようだが、江戸時代には町奉行とは別に「勘定奉行《かんじょう》」という役職があった。また、「寺社《じしゃ》奉行」という職名もあり、この町奉行・勘定奉行・寺社奉行を「三奉行」といった。

町奉行といえば、多くの人が「お白洲《しらす》」での吟味を思い浮かべるが、仕事はそれだけではない。訴訟を裁くだけでなく、その前の犯罪の捜査・悪人の捕縛や行政の仕事も町奉行の職掌であり、江戸の町方に関する行政・司法・警察のすべてをつかさどった。いってみれば、1人で東京都知事・東京高等裁判所長官・警視総監を兼務する超多忙な要職というわけだ。

勘定奉行は幕府の財政一般をつかさどり、幕領の租税徴収・幕領と関八州の私領の訴訟を担当。第3章で取りあげた貨幣改鋳で批判された荻原重秀《おぎわらしげひで》や、過酷な年貢取り立てを行った前述の神尾春央《かんおはるひで》などが有名だ。寺社奉行は全国の寺社と寺社領の管理・宗教統制・関八州外の私領の訴訟などを職掌とした。

以上の三奉行を見くらべると、江戸の町方に関する行政・司法・警察のすべてをつかさどった町奉行が最も大変そうであり、三奉行のなかでは最上位にあったと思いがちである。しかし、それは誤解で、実は最上位にあったのは寺社奉行だった。

町奉行と勘定奉行が旗本から任ぜられたのに対して、寺社奉行は譜代大名が任命された大名役であり、同じく大名役の奏者番《そうじゃばん》（大名・旗本が将軍に謁見するさいに姓名を奏上したり進物を披露したりする役）を兼職とした。当初は老中の所管だったが、のちに将軍直属となっている。

また、寺社奉行・奏者番から大坂城代・京都所司代をへて老中に昇進する出世コースがあり、寺社奉行に就任することは出世が約束されたようなものだった。

誤解

南町奉行所は江戸の南半分を管轄した

本当は……

江戸の町の行政・司法・警察は町奉行がつかさどり、「南町奉行所」と「北町奉行所」が月番交代制で執務していた。

江戸の町の治安を維持し、庶民の生活を守った町奉行といえば、先にもふれた南町奉行・大岡越前守こと大岡忠相や北町奉行・遠山金四郎こと遠山景《かげ》元《もと》だけではなく何人もの幕臣が町奉行を務め、南町奉行所か北町奉行所（中町奉行所を設置した時期もあった）に勤務した。

だから、なかには南町奉行所は江戸の町の南半分、北町奉行所は北半分をそれぞれ管轄していたと信じて疑わない人もいるようだ。ちょうど現在の刑事ドラマのように、県警同士、あるいは県警と警視庁が管轄をめぐって衝突するようなことが江戸の町にもあったというわけだ。しかし残念ながら、それは大きな誤解だ。江戸に南北両奉行所が設けられたのは地域によって管轄

JR有楽町駅前にある「南町奉行所跡」（東京都千代田区）

を分担するためでなく、両奉行所が月番交代制で執務するためだったのだ。

ちなみに、両奉行所は江戸時代の間に何度も移転したが、南町奉行所は宝永4（1707）年以降、数寄屋橋《すきやばし》門内に、北町奉行所は享保3（1711）〜文化3（1806）年までは常盤橋門内、文化3年以降は呉服橋門内にあった。

月番交代制のため、非番の月には奉行所の門が閉められていた。「隔月勤務とは、うらやましい」と思った人がいたら、それも大きな誤解だ。表門は閉まっていても、なかでは係争中の訴訟の処理などに従事しており、けっしてラクはさせてもらえなかったのである。

誤解

旗本は「旗本八万騎」といわれ、8万人いた

本当は……

江戸中期、旗本の数は5000人程度であり、御家人（1万7000人程度）と合わせても2万数千人しかいなかった。

少し年輩の方であれば、東映の映画俳優・市川右太衛門《いちかわうたえもん》（北大路欣也《きたおおじきんや》の父）の当たり役だった『旗本退屈男』の早乙女主水之介《さおとめもんどのすけ》の名前をご存知だろう。主水之介は剣の達人で悪事に立ち向かう正義の味方だが、多くの時代劇に出てくる旗本のイメージはあまりよくない。旗本の馬鹿息子たちが町で狼藉をはたらき、庶民を困らせるシーンは毎度おなじみである。

この旗本は将軍直参というように、将軍直属の家臣（直臣）だから鼻息が

荒かった。同じ直臣に御家人もいたが、両者は将軍に直接お目にかかる（御《お》目見《めみえ》）ことができるかいなかによって違いがあった。御目見えできる「御目見以上」が旗本で、御目見えできない「御目見以下」が御家人である。

旗本は将軍直属だから、いってみれば地方の諸大名と同じであり、大名の家臣より将軍に近い。さらに、将軍に謁見できるのだから、そのプライドは高かった。だから旗本にはいつも威張っているイメージがあり、実際、江戸時代、旗本や御家人が無頼化した者たちは「旗本奴《やっこ》」とよばれ嫌悪された。

旗本には有名な形容句「旗本八万騎」があり、いざ将軍に何かあれば、8万人の旗本が馬に乗って駆けつけるといわれた。そこで、江戸には8万人の旗本がいたと思っている人が多い。

しかし、これは誤解であり、実際はそんなに多くなかった。江戸時代中期の享保7（1722）年の時点で、旗本の数は5205人しかいなかったのだ。御家人は旗本より多く1万7399人いたが、これを加えても2万数千人にしかならない。実に4倍近くも水増しして吹聴していたことになる。

江戸の町の数をいった「大江戸八百八町」の808という数字も実態とは異なるものだが、旗本八万騎も信じてはいけない。江戸の「八」には気をつけたほうがよさそうだ。

誤解

江戸時代の大名領の公称を「藩」という

本当は……

明治元（1868）年、府藩県三治制がしかれたときに、維新政府が旧大名領のことを初めて「藩」と称した。

江戸幕府による長い支配がつづいた江戸時代のことを、よく「江戸三百年」という。しかし、年表を見ればすぐわかるように、徳川家康が江戸幕府を開いたのが慶長《けいちょう》8（1603）年であり、最後の将軍・徳川慶喜が大政奉還をして将軍職を辞したのが慶応《けいおう》3（1867）年であり、正しくは264年間だった（慶長5年の「関ヶ原の合戦」から数えても267年間）。

したがって、江戸三百年というのは、長い江戸時代を言い表す慣用句のようなもので、実際に300年間つづいたと思ったら、それは誤解である。同じような慣用句に「江戸三百藩」「江戸三百諸侯」というものもある。これらも正確な数字ではないが、藩は改易・廃止になった藩も含めれば300以上あったといわれ、けっして大げさな数字ではない。しかし、問題は「藩」という呼称だ。

時代劇や時代小説には、「加賀百万石」といわれた加賀藩（金沢藩）や「薩長同盟」の薩摩藩（鹿児島藩）・長州藩（萩藩）などたくさんの藩が登場する。時代劇によっては、屋敷の玄関に「○○藩上屋敷」とか「△△藩下屋敷」とか板状の大きな表札のようなものを掲げている大名屋敷も登場する。

また、江戸幕府が開かれ、全国の大名の統制が進むと、「幕藩体制が確立した」などと記す専門書も多いし、幕末、尊王攘夷運動をするたびに藩を出た元藩士を「脱藩浪士」とよぶこともある。

従って、藩という用語は全国の大名の領地（大名領）を意味する幕府の公称と思いがちである。しかし、それは大きな誤解で、実は江戸時代、幕府は全国の大名領を藩とはよんでいなかった。幕府にとって○○藩は「○○家御家中」、藩主は「国主」「領主」、藩校は「学問所」だったのだ。

もちろん、江戸時代に「藩」がまったくつかわれなかったわけではない。江戸中期、新井白石などの儒学者らは古代中国の封建制にならい大名領を藩とよぶことがあったが、あくまで私的な使用で、幕府の公称ではなかった。

では、いつから藩は公称としてつかわれるようになったのだろうか。

それは教科書でおなじみの「廃藩置県」という用語があるように、明治維新からのことなのだ。維新政府は慶喜が大政奉還した慶応3年から旧幕府の領地や諸大名から没収した領地を直轄したり旧大名に委任統治したりしたが、明治元（1868）年に府・藩・県の三治制をしいた。このとき、政府は旧大名領を初めて藩と称したのである。そしてすぐに、明治4（1871）年、廃藩置県藩によって藩は消滅した。

これから時代劇を見るさいには、藩という用語がどのようにつかわれているか注目するのもおもしろい。

誤解

江戸時代、幕府は直轄領を「天領」といった

本当は……

「天領」は明治時代に旧幕府の直轄地を「天朝の領地」と考えたことに由来する用語であり、江戸時代にはつかわれなかった。

日本史の教科書や専門書の江戸時代について記した個所に、よく「幕藩体制」という用語が出てくる。幕府と諸藩が中央と地方とでそれぞれ支配する重層的な支配体制のことであり、江戸時代の日本の領土は幕府と諸藩によって領有されていた。

徳川家康は「小田原征伐」のあと、豊臣秀吉から東海から関東への国替えを命じられ、三河（愛知県）や駿河（静岡県）の領地を失ったが、石高は150万石から250万石へ加増された。その後、「関ヶ原の合戦」で勝利すると、

西軍の大名の領地を没収・減封し、約630万石を没収し、このなかから恩賞として東軍の大名に所領を与えた。

こうして、江戸幕府と諸藩の大名に全国の領地が再配分されたが、このうち幕府が支配する直轄領を「天領《てんりょう》」、諸藩（諸大名）が支配する領地を「藩領」（大名領）といった、というのがこれまでの定説だが、近年、教科書や専門書には天領という用語がつかわれていない。

なぜなら、天領は幕府の直轄領の俗称であり、江戸時代にはつかわれていなかったからだ。当時は「御料」「御料所」などとよばれ、天領とはよばれなかった。

天領とよばれるようになったのは、明治時代に入ってからのことだ。明治元（1868）年、維新政府は幕府から接収した旧幕府の直轄地を引きつづき直轄したが、当時、その直轄地は「天朝の領地」と考えられ、略して天領とよぶようなった。その後、天領という呼称を江戸時代の直轄領にまでさかのぼってつかうようになり、定着してしまったというわけだ。

そこで現在、教科書や専門書のなかでは、江戸時代の幕府の直轄領を「幕領」とすることが多い。しかし、幕領には旗本や御家人などの領地も含まれており、厳密にいえばこれはこれで問題がある。しかし、天領よりははるかに誤解がないので、現在は幕領というのが一般的になっている。

誤解

諸藩は幕府に大名行列の人数削減を嘆願した

本当は……

参勤交代の大名行列は年々華美になっていたため、幕府はたびたび人数制限をしたが、実際に改善されることはなかった。

近年は「参勤交代《さんきんこうたい》」を扱った映画がヒットし、これまで誤解していたことがわかったという人も多いかもしれない。それでもまだ、参勤交代には知られざる部分がいくつもあるので、ここでもおさらいを兼ねて参勤交代について見てみよう。

参勤交代は江戸時代からはじまったと思っている人が多いと思うが、その起源は鎌倉時代にまでさかのぼる。諸国の御家人が鎌倉の将軍御所諸門の警固役を交代で勤めたのがはじまりといわれ、その後、室町時代や織田信長や豊臣秀吉が活躍した時代にも参勤はあったという。

江戸時代の参勤交代は「関ヶ原の合戦」後に、外様大名が将軍・徳川家康に会うために競うようにして江戸を訪れたことが端緒になった。この参勤は「私はこれからも家康殿に従います」という服属儀礼だったが、家康にすれば悪い気はしない。

それで、参勤する大名には江戸屋敷建設のための邸地を与えた。すると、諸国の大名が続々と江戸にやってきて上屋敷やら下屋敷やらを建て、現代の東京一極集中のように「なんといっても将軍のお膝元にいなければ、中央の情報は入手できない」とばかり、あっという間に江戸は大名屋敷だらけになってしまった。

こうして諸大名は国元と江戸藩邸を行ったり来たりするようになったが、

これを制度化したのは3代将軍・家光だ。寛永12（1635）年、「武家諸法度」を改訂したさいに、「大名・小名、在江戸の交替相定むる所なり。毎歳夏四月中参勤致すべし」とした。つまり、陰暦4月（陽暦5月）に参勤するよう義務づけたのだ。そこで「大名を入れ替えにするほととぎす」という川柳が広まったという。

さて、ここまで「参勤交代」と「参勤」をつかいわけてきたが、この2つの用語が同じ意味だと思ったら、それは誤解である。参勤は大名が一定期間江戸に出仕すること、「交代」とは領地に就くことで、大名によって例外もあったが、原則江戸在府1年、国元1年で参勤交代した。

年々華美になっていった大名行列

参勤交代のために大名が国元から江戸へ向かったり（参勤）、江戸から国元へ帰ったり（交代）するときに、各地の街道で見られたのが「したーにー、したーに」で知られる大名行列である。街道沿いの庶民は祭りの見物のようで楽しみな時間だが、行列するほうは大変だった。大名以下、大勢の家臣・従者などのほか道中の生活道具まで一切合切運んだから、その労力もさることながら経費が膨大なものになった。

とくに、100万石の加賀藩のような大藩は大名行列の人数が2000人を超え、衣類・食料はもちろんのこと、道中の休憩時の囲碁・将棋一式や殿様専用の風呂桶まで運び、その費用は現代のお金に換算するとなんと約7億円もかかったという。

加賀藩ほどの大藩でなくても、諸藩は大なり小なり大名行列におカネがかかった。そのため、弱小藩はもちろんのこと諸藩はどこも参勤交代の時期が近づくと、勘定方は憂鬱な顔になり、その費用を捻出するために奔走したという。

そこで、参勤交代はそもそも江戸幕府による大名統制策の1つであり、その目的は諸藩の財政を疲弊させて、軍備の増強を防ぐことにあったという指摘がある。

そのため、諸藩は大名行列の質素化を願い行列人数の削減を嘆願したが、幕府は聞き入れずさらに人数を増やすよう命じた、と思いがちだ。

ところが、実際は、大名行列の人数を減らすために人数制限をたびたび命じたのは幕府のほうだった。諸藩にとって参勤交代は藩のプライドをかけた大事な一大興行であり、世間に家格を誇示する絶好の機会だったのである。そこで、大勢の見物人に見られる街道での大名行列にはとくに気をつかい、かつカネもつかった。

藩の勢威を誇示するために、できるだけ大人数に見せようとして、家臣や中間《ちゅうげん》だけでは足りなくて人まで雇った藩もあるくらいだ。また、衣装や道具類も見物人の目を奪うように華美にした。

こうして、諸藩の大名は藩財政を火の車にしてでも見栄をはりたがり、大名行列は年々華美を競うようになった。そんな悪しき風潮を苦々しい思いで見ていたのは、実は幕府首脳のほうだったのである。

誤解

江戸時代、日本は鎖国状態にあった

本当は……

江戸時代、日本には長崎、薩摩藩、対馬藩、松前藩に4つの交易窓口があり、海外から物資も入り、鎖国状態ではなかった。

江戸時代、日本は鎖国状態にあり、オランダを除く世界の国々と交易していなかった。この多くの人が学校の授業や教科書で学んできた歴史常識はいまや、大きな誤解の1つになった。

鎖国とは、国に鎖をかけてしまうほど、対外貿易を行わないきわめて閉鎖的な状態をいうが、江戸時代、幕府はこの鎖国政策を国の〝祖法《そほう》〟として幕末まで大事に守ってきたというのが、これまでの定説だった。

では、その経緯をふり返ってみよう。

元和《げんな》2（1616）年8月8日、2代将軍・秀忠はキリシタン禁令とともにヨーロッパ商人の日本の諸都市での商取引を禁止し、貿易を長崎・平戸両

長崎の出島を描いた絵画（下田了仙寺所蔵）

港に限定する「貿易地制限令」を発布した。

秀忠が寛永《かんえい》９（１６３２）年に亡くなると、３代将軍・家光は翌10（１６３３）年、奉書船以外の日本船の海外渡航を禁じた。奉書とは「老中奉書」という許可状のことで、この老中奉書を与えられた船が奉書船である。

寛永11（１６３４）年、海外との往来や通商を制限し、12（１６３５）年には日本人の海外渡航と帰国を禁止。16（１６３９）年にはポルトガル船の来航を禁止して、18（１６４１）年にはオランダ商館を長崎の出島に移した。

こうして、幕府の公貿易の相手はオランダだけになったが、家光が寛永10～16年までに次々と発令した要綱を「鎖国令」といい、オランダ商館の出島移転によって「鎖国」が完成したというのが、これまでの定説だった。以来、日本はペリーの黒船が来航するまで200年以上もの間、鎖国をつづけたといわれてきたが、家光が寛永10（1633）年に出した鎖国令（寛永10年令）は、家光が新しく赴任する長崎奉行に与えた、政務に関する要綱（条目）であり、法令ではなかった。また、当時は「鎖国令」という名称もなかったのである。

そもそも、鎖国という語がつかわれ出したのは、鎖国の完成から150年以上もたった享和《きょうわ》元（1801）年以降のことだった。元オランダ通詞《つうじ》（通訳）の志筑忠雄《しづきただお》が、ドイツ人医師のケンペルの著書『日本誌』を和訳し、そのなかの1章を「鎖国論」と名づけたのがはじまりだったのである。

4つの交易の窓口があった!?

ということで、江戸時代、鎖国令と称した法令はなかったが、実際に外国と交易をしていなければ鎖国状態にあったことには変わりがない。ところが、当時の日本の交易事情を検証してみると、実は日本には4つの窓口があり、それらを通じて海外と交易していたことがわかるのだ。

1つめの窓口は「長崎の窓口」。オランダとの貿易はここを通じて行われた。この窓口は明（中国）との貿易窓口でもあり、日本は中国と国交を断絶していたが、長崎には密貿易船が出入りした（唐人貿易）。

2つめの窓口は「薩摩藩の窓口」。薩摩藩と琉球との交易窓口で、琉球は中国との朝貢貿易も継続していたため、薩摩藩は琉球経由で中国の産物を輸入することができた。

3つめの窓口は「対馬藩の窓口」。対馬藩と朝鮮の交易窓口で、幕府は藩主の宗氏に朝鮮との貿易を許した。

4つめの窓口は「松前藩の窓口」。松前藩とアイヌの交易窓口で、幕府は藩主・松前氏に交易独占権を認めた。

これら4つの窓口によって、日本は中国の生糸・絹織物をはじめ砂糖、皮革、染料・香料・薬物、ガラス製品などさまざまな商品を輸入しており、鎖国状態とはとてもいえないほど、海外と交易していたのだ。

そこで、近年、江戸時代の日本は鎖国ではなく「海禁」状態だったという指摘もある。海禁とは、中国や朝鮮が一般人の渡航を禁じ、特定の港で限られた国と交易していた状態のことをいうもので、日本もこの海禁状態にあったというのだ。

いずれにしても、日本は鎖国体制を固守したことで近代化が大きく遅れたといわれたが、鎖国状態ではなかったとすると、近代化が遅れた理由は何だったのだろうか。

誤解

朝鮮通信使は日本への服従儀礼だった

本当は……

朝鮮通信使の「通信」とは「信（親しい交わりのこと）を通わす」という意味であり、日本と朝鮮は対等の関係にあった。

日本史の教科書や歴史書には諸大名の「参勤交代」の大名行列のほかに、もう1つ行列の図が掲載されることがある。朝鮮から来日した通信使一行の図である。朝鮮通信使一行の行列は異国情緒あふれる衣装をまとった華麗なパレードであり、大名行列同様、沿道の民衆の楽しみの1つだった。

朝鮮通信使は江戸時代に合計12回来日したが、一行の人員は1回につき300〜500人。正使・副使をはじめとした官吏のほかに、文人や医員（医者）、画員（画家）、楽士なども随行し、馬の曲芸（馬上才）を演じる技芸人が来日することもあった。とくに小童2人が対になって舞う踊りは民衆の人気が高く、見物客が「雲の如く集まった」という。

朝鮮通信使とは江戸時代に朝鮮から来日した使節のことで、「通信使」「朝鮮信使」「朝鮮来聘使《らいへいし》」「韓使」などさまざまによばれた。朝鮮通信使の来日を、朝鮮国王が日本国王・徳川家康への服従を表すための服属儀礼だと思ったら、それは大きな誤解だ。

そもそも「通信」とは「信《よしみ》（親しい交わりのこと）を通わす」という意味であり、日本と朝鮮は対等の関係にあったのである。従って、かつては朝鮮通信使の「来朝」と表記したこともあったが、来朝という用語は朝貢貿易のようなのでつかわなくなってきた。

しかし、前12回の来日は、必ずしもすべて同じ目的ではなかった。名実ともに通信使とよばれるようになったのは、寛永《かんえい》13（1636）年の第4回からだ。このときの来日目的は、3代将軍・徳川家光の治世の泰平祝賀であり、明暦《めいれき》元（1655）年の第6回以降は新将軍の就任を祝賀することが目的になった。

では、第3回まではどうだったのだろうか。実は、慶長《けいちょう》12（1607）年の第1回から寛永元（1624）年の第3回までの来日は、両国の国交回復が主な目的だったのだ。

それまでの日本と朝鮮は、豊臣秀吉による朝鮮出兵（文禄《ぶんろく》・慶長の役）によって国交を断絶していた。両国の国交回復を望んだ家康は、慶長11（1601）年、朝鮮国王に国書を送った。第1回の朝鮮通信使の来日は、その回答が目的だったのだ。

呼称も通信使ではなく「回答兼刷還使《かいとうけんさっかんし》」だった。「刷還使」は文禄・慶長の役で日本に連行された朝鮮人捕虜を返還するための使節のことである。その後、2回の来日も回答兼刷還使の来日であり、第3回までの朝鮮使節は正しくは通信使ではなかったのである。

ちなみに、朝鮮通信使一行を描いた絵画はいくつもあるが、東京国立博物館が所蔵する奥村政信筆の「浮絵朝鮮人」は、近年の研究により輿《こし》に乗っているのが子どもであることなどから、本物の通信使一行を描いた絵画ではなく、通信使一行をまねた仮装行列を描いたものだといわれている。

第8章

日本最古の貨幣は、「和同開珎」ではない!?

文化・生活編

誤解

日本には「明石原人」という原人がいた

本当は……

近年の研究により、明石原人とされる化石人骨は新石器時代のものである可能性が高く、新人と考えられている。

平成28(2016)年8月30日付朝日新聞の報道によると、「ルーシー」の愛称でよばれた約318万年前のアファール猿人(アウストラロピテクス・アファレンシス)は木から落ちて骨折したあとに死亡した可能性が高いという。

アメリカのテキサス大学やエチオピアのアディスアベバ大学からなるチームの化石人骨調査の結果、判明したとのことで、ルーシーは高さ12メートル以上の木から落ちて右上腕骨や右足首・左膝を骨折。治癒しないまま亡くなったと考えられている。

まさに「猿も木から落ちる」だが、人類はこの猿人に始まり、原人・旧人を経て現代人も含む新人へと進化した。原人といえば「北京原人」が有名だが、日本にも「明石原人」（明石人ともいう）という原人がいたと長い間、信じられてきた。

昭和6（1931）年、兵庫県明石市の西八木海岸から考古学や古生物学の研究者（のちに早稲田大学教授）・直良《なおら》信夫に発見されたヒトの腰骨の破片が、昭和22（1947）年になって東京大学人類学教室の長谷部言人《ことんど》によって原人のものであることが判明。ニッポナントロプス・アカシエンシスという名を与えられた化石人骨は、一般には「明石原人」として知られるようになったのである。

直良はその後、栃木県葛生《くずう》町でもいくつもの骨片を発見。これらもまた原人の骨であるとして、「葛生原人」（葛生人ともいう）とよばれた。さらには、他の研究者の発掘調査によって旧石器時代の化石人骨とされる「牛川人」（愛知県豊橋市）や「三ケ日人《みっかびと》」（愛知県三ヶ日町）、「浜北人」（静岡県浜松市）なども発見され、日本列島にも古くから原人や旧人がいたと考えられてきた。

ところが、その後の研究によって、これが大きな誤解であることが次々と明らかになってきたのだ。まず、明石原人（明石人）については、人骨は完新世（約1万年余り前から現代までの時代）、つまり新石器時代のものという説が有力であり、原人どころか、旧人でもなく新人であると考えられている。

その他の化石人骨についても、葛生原人（葛生人）の現存する8点の骨のうち4点は熊や虎などの動物の骨、4点がヒトの骨であることが判明。ヒトの骨も室町時代ごろのものだという。三ヶ日人は縄文時代早期（約9500年前〜約7500年前）のもので、牛川人は人骨ではなくナウマンゾウの骨の可能性が高いことがわかったのだ。

ということで、かつて教科書に掲載されていた明石原人（明石人）や三ヶ日人、牛川人などは近年、大きく取り上げられることがなくなっている。結局、旧石器時代の化石人骨として現在、確かなものと見られているのは浜北人、港川人《みなとがわじん》（沖縄県八重瀬町）、山下町洞人《やましたちょうどうじん》（沖縄県那覇市）などだが、いずれも新人のものだという。2012（平成24）年10月には沖縄県南城市のサキタリ洞遺跡で貝器（貝殻製の道具）とともに人骨が発見されたが、これも新人のものと見られている。

これらの研究成果によって、日本の原人発見という古代ロマンはふりだしにもどった観もあるが、今後の発掘・発見によっては新たな原人が現れるかもしれない。現代人のなかには北京原人を思わせるしっかりした顔立ちとがっしりした体型の人もおり、日本列島に原人がいても不思議ではない。

誤解

縄文人は狩猟採集の貧しい食生活をしていた

本当は……

三内丸山遺跡などの縄文遺跡の発掘調査から、縄文人は定住生活による豊かな食生活をしていたことがわかってきた。

青森県青森市の三内丸山《さんないまるやま》遺跡が発掘・発見されるまで、縄文人の生活はまったく誤解されていた。縄文人は狩猟・採集生活をしており、農耕や牧畜は行われず、住居の周辺に獲物の動物や食料となる植物や貝などがなくなれば食料をもとめて移動した、というのが縄文人の生活のイメージだった。

定住生活がはじまっていたとわかってからも、せいぜい4〜6軒の家が集まり20〜30人程度で暮らしていたと考えられていた。ところが、三内丸山遺跡の最盛期（縄文時代中期）には、約500人もの人が住んでいたというから、これだけでも多くの人が抱いていた縄文人の生活のイメージは大きく変わったといっていいだろう。

食生活についても、農耕や牧畜が行われていなかったということで、食糧は安定的に確保できず、その日の狩りの結果しだいという〝その日暮らし〟のような生活をしていたというのが、かつての〝常識〟だった。

そんな食生活では、タンパク質がどうの炭水化物がどうのといっている場合ではなく、栄養バランスもカロリーもどこふく風で、腹にたまれば何でも食べたから、食あたりで病気になったり栄養失調で命を落としたりした人も少なくない。

衣・食・住のすべての環境が劣悪だったから、縄文人は短命だったとも考

三内丸山遺跡全景（青森県教育庁文化財保護課所蔵）

えられていた。具体的には、縄文人の平均寿命は30歳前後だったといわれている。

ところが、三内丸山遺跡の発掘成果によって、そんな縄文人の食生活の実態もより明らかになり、従来の説がこれまた大きな誤解だったことがわかってきた。

三内丸山遺跡の場合、周囲に落葉広葉樹の林が発達しており、クリ（栗）の木を管理していた。

つまり、長期にわたって定住生活をするために、むやみやたらに採取するのではなく、計画的に採取していたわけである。クリだけではない。遺跡から発掘された、樹皮で編んだ小型のカゴ（縄文ポシェットとよばれる）のなかにはクルミが入っており、さまざま種類の樹木を管理していたのではないかと考えられる。樹木の管理だけではなく、豆類の栽培を行っていることも明らかになっている。

また、三内丸山遺跡からは、ブリやサメ、さらにはタイやフグの骨の化石が見つかっており、現代人がうらやむほどの新鮮な海の幸を食していたことがわかる。海の幸ばかりではなく、ウサギやムササビ、ガンやカモなどの動物や鳥の骨も出土している。いってみれば植物性・動物性のタンパク質を偏りなくしっかり摂っていたわけだ。

こうした発見・発掘から、「貧しい食生活」という形容句がまったくあたらない、縄文人の生活や文化が浮かびあがってくる。

縄文人の寿命についても、近年の研究により、65歳以上まで生存した人も少なくないことがわかり、縄文人は意外にも長生きだったという指摘もあるのだ。

誤解

弥生時代は紀元前3世紀からはじまった

本当は……

縄文晩期の遺跡から水稲農耕を示す水田跡が発掘。弥生時代はさらにさかのぼり、紀元前4、5世紀ごろにはじまっていた。

縄文時代は縄文土器がつかわれた時代で、それにつづく弥生時代は弥生土器のつかわれた時代。誰もが学校の授業や教科書で学んできたことだが、では、「弥生時代とはいつからいつまでなのか?」と聞かれると、年齢によって答えがちがってくるかもしれない。

少し年輩の人は「紀元前3世紀ごろから紀元後3世紀ごろまで」と答え、より若い人は「紀元前4世紀の中ごろから紀元後3世紀の中ごろまで」と答えるのではないだろうか。たしかに、かつては弥生時代は紀元前300年ごろから紀元後300年ごろまでの約600年間といわれたこともあった。

近年になって弥生時代のはじまりが「紀元前3世紀ごろ」から「紀元前4

世紀の中ごろ」へと1世紀以上もさかのぼることになった理由は、かつて縄文時代（晩期）といっていた時代の遺跡（縄文遺跡）から水田の跡が発掘されたからである。

弥生時代の特徴というか、時代を特定する重要な指標は2つあり、1つは前述した弥生土器の出現で、もう1つは水稲農耕の有無だ。水稲農耕、つまり、水田による稲作は縄文時代には行われておらず、これによって縄文時代の遺跡か弥生時代の遺跡かを見定めることができたのだ。

ところが、昭和53（1978）年、福岡県福岡市の板付《いたづけ》遺跡から縄文時代晩期の水田跡が見つかり、水稲農耕を示す諸手鍬、エブリ、鍬（柄）、石庖丁、打製石鎌、炭化米などが出土したのだ。

また、昭和56（1981）年にも佐賀県唐津市の菜畑《なばたけ》遺跡から縄文時代晩期の水田跡が発見され、福岡県福岡市の野多目《のため》遺跡からは用水路と水田のほか磨製石庖丁が出土した。

こうして縄文時代晩期の水稲農耕を示す〝動かぬ証拠〟が西日本の各地で

次々と発見されたことにより、弥生時代のはじまりをもっとさかのぼらせる必要が出てきた。そして、考え出したのが縄文時代晩期にあたっていたこの時代を「弥生早期」という時代とすること。その結果、弥生時代は従来よりも1世紀以上もさかのぼることになったのだ。

しかし、この説は弥生時代の2つの指標のうちの水稲農耕の有無にだけ焦点をあてたものであり、土器の出現に焦点をあてれば、縄文土器が出現した遺跡はあくまでも縄文時代の遺跡であり、縄文時代晩期のままでいいということになる。

なんともややこしいが、現在は弥生時代のはじまりを紀元前4世紀、あるいは紀元前5世紀とする説が有力である。ところが、話はまだ終わらない。平成15（2003）年5月、国立歴史民俗博物館が弥生時代のはじまりを紀元前1000年ごろとする研究発表をしたのだ。

この説は学界のなかでも衝撃的な説といわれ、大いに話題になった。その後、紀元前1000年までとはいわないが、それに近づく説も唱えられるようになり、今後、弥生時代のはじまりはさらにさかのぼることも十分考えられる。

結局のところ、縄文時代にしても弥生時代にしても、まだよくわかっていない未知の部分がのこされているということであり、それはそれで古代ロマンをかきたててくれるともいえる。

誤解

前方後円墳は大王やその家族にだけ許された

本当は……

前方後円墳には、福岡県の岩戸山古墳、岡山県の造山古墳など、地方の首長・豪族などを葬ったものもある。

古代、天皇（大王《おおきみ》）や有力な豪族が亡くなると、土を高く盛り上げてつくった古墳という墓に葬られた。その時代を古墳時代といい、古墳の墳丘の形態によって前方後円墳、前方後方墳、円墳、方墳、上円下方墳、八角墳などが

日本最古の大型前方後円墳である箸墓古墳（奈良県桜井市）

ある。このうち最高位の形態に位置づけられるのが前方後円墳だ。

前方後円墳は、円形の主丘に方形の墳丘を付した形をしており、江戸時代に尊王論者の蒲生君平《がもうくんぺい》によって命名された。

有名なものに〝卑弥呼《ひみこ》の墓〟ともいわれている箸墓《はしはか》古墳（奈良県桜井市）をはじめ、墳長４８６メートルという日本一の巨大古墳・大山《だいせん》古墳（大仙とも書く。仁徳《にんとく》天皇陵。大阪府堺市）、墳長４２５メートルの日本第2位の巨大古墳・誉田御廟山《こんだごびょうやま》古墳（応神《おうじん》天皇陵。

大阪府羽曳野市）などがある。

卑弥呼は邪馬台国の女王であり、仁徳天皇も応神天皇も古代のニッポンに君臨した大王である。そこで、前方後円墳は古代の大王やその家族（皇族）にだけ許された古墳の形態であると思っている人がいる。

しかし、それは大きな誤解であり、大王やその家族だけでなく有力豪族のなかにも前方後円墳に埋葬された者が何人もいるのだ。

たとえば、福岡県八女市の岩戸山《いわとやま》古墳は「磐井《いわい》の乱」で知られる筑紫《つくしの》国造《くにのみやつこ》磐井の墓といわれるほか、岡山県岡山市の造山《つくりやま》（「ぞうざん」ともいう）古墳、群馬県太田市の太田天神山《おおたてんじんやま》古墳など地方の有力首長や豪族の墓といわれる前方後円墳が数多くある。

それでは、天皇（大王）やその家族だけに許された古墳の形態というものはないのかといえば、そんなことはなかった。7世紀中ごろから8世紀初頭につくられた墳丘の平面が八角形の八角墳（天武《てんむ》・持統《じとう》陵古墳や中尾山《なかおやま》古墳など）は、天皇やその皇子だけの墓だったようだ。

誤解

日本最古の貨幣は「和同開珎」

本当は……

平成9～11年に、飛鳥池の工房跡から出土した「富本銭」は天武天皇の時代に発行された銅銭であり、日本最古の貨幣である。

現在、日本で発行されている貨幣（紙幣・銀行券ではない）のなかで最も新しいものは、平成12（2000）年から発行されている「五百円ニッケル黄銅貨幣」だという。500円硬貨には昭和57（1982）年から平成11（1999）年まで発行された「五百円白銅貨幣」もあるが、現在は発行されていない（通用力は有している）。

では、日本最古の貨幣は何かと問われると、「和同開珎《わどうかいちん》」（「かいほう」ともいう）と答える人が多い。たしかに、かつての日本史の知識としては正しかったが、残念ながら、現在ではこの答えは誤解といわれてしまうようになった。

和同開珎は慶雲《けいうん》4（707）年、女帝の元明《げんめい》天皇が誕生した翌年の正月、武蔵国秩父郡《ちちぶ》（埼玉県秩父市）から朝廷に和銅が献上されたことで発行された。和銅とは精錬を必要としない自然銅のことで、元明天皇は「これ（和銅のこと）は天の神と地の神とが、ともに政治をめで、祝ったことによって現れた宝物だろう」といって大いに喜び、年号を「慶雲」から「和銅」に改めたのである。

それでもまだ、喜びを表しきれなかったのか、銭貨まで発行した。これが和同開珎であり、日本で最初の、日本最古の貨幣と伝えられてきた。「和同」とは「とけあって1つになること」を意味し、年号の「和銅」と音が通じることから和同とした。「開珎」の「珎」は、「宝」の旧字「寶」から「ウかんむり」と「貝」の字をとったもの。寶＝宝であるとして、「ほう」と読む説もある。

和同開珎の発行のあと、朝廷は10世紀半ばまでに11回銅銭の鋳造をつづけ、これらは「本朝（皇朝）十二銭」とよばれてきた。

ところが、近年、この従来の定説がひっくり返る発掘があったのだ。平成

3（1991）年、奈良県の飛鳥寺《あすかでら》の東南にある飛鳥池の底から、7世紀後半から8世紀後半の工房跡が発見されると、その後（平成9～11年）の発掘調査で300点近い「富本銭《ふほんせん》」とよばれる貨幣が出土したのである。

富本銭も和同開珎と同じく円形方孔銭（円形の中央に正方形の孔があく銭貨）で、直径約2・4センチ。孔の上下に「富本」の2文字が配されていることから富本銭とよばれる。「富本」は中国の故事に登場する「富国、富民のもとは貨幣である」という文言に由来する。

この大量に出土した富本銭のなかには、天武天皇の時代に鋳造されたものがあり、しかも『日本書紀』には天武12（683）年4月、天武天皇が「今後は必ず銅銭を用いよ」と詔《みことのり》したという記述まである。つまり、現在、この「銅銭」が出土した富本銭と考えられており、和同開珎よりも古い、日本で最初の、最古の貨幣なのである。

従って、前述の本朝（皇朝）十二銭は正しくは「本朝（皇朝）十三銭」というわけだが、十三というのはなんとも中途半端な数字だ。しかし、今後の発掘によって、あと2種類くらい日本の貨幣が出土されれば「本朝（皇朝）十五銭」とよばれるときがくるかもしれない。

誤解

山上憶良は身分が低く、生活も苦しかった

本当は……

憶良は筑前守に任ぜられた高級官僚で、経済状況は恵まれており、「貧窮」とはまったく縁のない生活を送っていた。

古代の万葉歌人といえば、大伴家持《おおとものやかもち》、柿本人麻呂《かきのもとのひとまろ》、山部赤人《やまべのあかひと》、山上憶良《やまのうえのおくら》（660〜733）、大伴旅人《たびと》らの名をあげることができるが、「このなかでいちばん生活が苦しかった人は誰か」と問われれば、多くの人が「山上憶良」と答えるにちがいない。

その理由は、憶良が詠んだ歌にある。『万葉集《まんようしゅう》』には憶良の歌が約80首のせられており、そのなかでもよく知られているのが「貧窮問答歌」だ。学校

の授業や教科書などでおなじみの作品で、貧乏人の生活の実態を対話形式で詠んでいる。その冒頭の一節を見てみよう。

「風交じり　雨降る夜の　雨交じりは　雪降る夜は　すべもなく　寒くしあれば　堅塩《かたしお》を　取りつづしろひ（少しずつつまんで口に入れ）　糟湯酒《かすゆざけ》　うちすすろひて　しはぶかひ（何度も咳き込み）　鼻びしびしに（鼻水をビシビシとすすり）……」

「堅塩」は精製されていない不純物の多い塩のことで、「糟湯酒」というのは酒糟をつかった粗末な酒のことである。なんともわびしい歌だが、この鼻水をすすりながら塩を肴に安酒を飲んでいる人物こそが憶良だと思っている人が多い。

憶良にはまた、「すべもなく　苦しくあれば　出で去り　去《い》ななと思へど　此（子）らに　障《さわ》りぬ」（どうしようもなく生活が苦しいので、この家から逃げ出して走り去りたいと思うが、この子らに邪魔されて思いとどまった）という歌もある。

こう次々と生活苦の歌を聞かされては、たしかに誰もが「憶良は生活に困窮した貧しい歌人だった」と思うのもムリはないが、実はそれは大きな誤解だ。

憶良は大宝元（701）年、遣唐使の一員として唐に渡り、帰国後、伯耆《ほうき》守に就任。養老5（721）年、東宮《とうぐう》（のちの聖武天皇）に侍し、神亀《じんき》3（726）年には筑前守にもなった高級官僚なのである。

貧窮問答歌は天平3～5（731～733）年ころの作品といわれており、けっして貧乏歌人の実生活から生まれた作品ではなかった。それどころか、「貧窮」とはまったく縁のない生活を送っていた高級官僚が、下々の生活を憐れんで詠んだものだったのだ。

もちろん、憶良が偽善者だったというわけではない。憶良はヒューマニストであり、貧困な生活や子どもに対する愛を歌に詠み、病気や貧困など人生の苦しさに思いを寄せたのである。

それにしても、1200年以上たった今も、多くの人から貧乏歌人と思われている憶良は、あの世でそれを知ったらどんな気持ちでいるのだろうか。

誤解

『万葉集』は日本最古の勅撰和歌集

本当は……

奈良時代後期に成立した『万葉集』は現存する最古の和歌集だが、天皇や上皇の命によるものではなく、勅撰和歌集ではない。

和歌は日本固有の文芸であり、古代の貴人・貴族がたしなむ高尚な芸事の1つだった。その和歌を集めたものが和歌集であり、古代には『万葉集』をはじめ、『古今和歌集』『後撰《ごせん》和歌集』『金葉《きんよう》和歌集』『新古今和歌集』などがある。これらの和歌集は天皇または上皇の命により撰集された勅撰和歌集とよばれ、そのうち最も古いものが奈良時代後期（770年頃）に成立した『万葉集』であると信じている人がいる。しかし、これは大きな誤解である。

『万葉集』はたしかに現存する歌集のうち最古のものであり、4536首の歌を収録した20巻からなる歌集だ。しかし、『古今和歌集』が醍醐《だいご》天皇、『後撰和歌集』が村上天皇、『金葉和歌集』が白河法皇、『新古今和歌集』が後鳥羽上皇によって命じられた勅撰和歌集であるのに対して、『万葉集』は天皇や上皇の命によるものではない。

『万葉集』に収録された歌は宮廷の歌人や貴族の歌だけでなく、東国の民衆がよんだ東歌《あずまうた》や防人歌《さきもりうた》などもあり、著名な歌人が4期に分けられる。第1期（天智《てんじ》天皇の時代まで）には有間皇子《ありまのみこ》・額田王《ぬかだのおおきみ》、第2期（平城遷都まで）には柿《かきの》本人麻呂《もとのひとまろ》、第3期（天平年間の初めころまで）には山上憶《やまのうえのおく》良《ら》・山部赤人《やまべのあかひと》・大伴旅人《おおとものたびと》、第4期（淳仁《じゅんにん》天皇の時代に至るまで）には大伴家持《やかもち》が名高い歌人として知られており、最終的な編纂に家持がかかわったと見られているが、詳細は不明である。

大伴旅人（国立国会図書館所蔵『前賢故実』より）

現代でも『万葉集』に収録された歌は多くの日本人に愛されており、多くの勅撰和歌集以上に日本の代表的な歌集といっていいだろう。

誤解

『古事記』は古代の六国史の1つ

本当は……

『古事記』は奈良・平安時代の律令国家が編集した、漢文の編年体で書かれた漢文正史ではなく、六国史には含まれない。

日本の歴史書として、よく知られているものに『古事記』と『日本書紀』があり、2つを合わせて「記紀」ともよぶ。ともに神々が活躍する神話からはじまり、歴史書としてだけでなく物語としても多くの日本人に読まれてきた。成立したのは『古事記』が和銅5(712)年、『日本書紀』が養老4(720)年であり、『古事記』のほうが古い。収録している年代は『古事記』が神話から推古《すいこ》天皇の時代まで、『日本書紀』が神話から持統《じとう》天皇の時代までである。

この記紀をはじめ、古代には『続日本紀《しょくにほんぎ》』（文武《もんむ》天皇から桓武《かんむ》天皇の時代まで）、『日本後紀』（桓武天皇から淳和《じゅんな》天皇の時代まで）、『続日本後紀《こうき》』（仁明天皇の時代）、『日本文徳《もんとく》天皇実録』（文徳天皇の時代）などの史書がある。そこで、これら6つの史書を、奈良・平安時代に律令国家が編集した6つの正史である「六《りっ》国史《こくし》」と思っている人も少なくない。

しかし、『日本書紀』以降の史書がすべて中国の歴史書の体裁にならった漢文の編年体で書かれた漢文正史であるのに対して、『古事記』は日本語を漢字の音・訓を用いて表記したものであり漢文正史ではなく、六国史には含まれていない。六国史のあと1つは、清和《せいわ》天皇から光孝《こうこう》天皇の時代までを収録した『日本三代実録』である。

『古事記』はたしかに正史ではないが、そこに描かれた神々の物語や倭建命《やまとたけるのみこと》（日本書紀では「日本武尊」と表記）の活躍は古代ロマンにあふれる物語であり、『日本書紀』にはない魅力がある。

誤解

紀貫之は「六歌仙」の1人

本当は……

紀貫之は『古今和歌集』の撰者の1人でもあり、平安時代を代表する歌人だが、六歌仙のなかには含まれていない。

古代、和歌の世界は『万葉集』が完成したあと、少し衰えを見せた。しかし、9世紀の前半ころから「六歌仙」とよばれる6人の歌人によって和歌は再び復興する。

この6人の名をすらすらといえる人は、和歌や古代史にかなり詳しい人だろう。ちなみに、次の著名な歌人のうち六歌仙に含まれるのは誰か、選んでみてほしい。

①在原業平《ありわらのなりひら》　②凡河内躬恒《おおしこうちのみつね》　③大友黒主《おおとものくろぬし》　④小野小町《おののこまち》　⑤紀貫之《きのつらゆき》　⑥喜《き》撰《せん》法師　⑦僧正遍照《そうじょうへんじょう》　⑧文屋康秀《ふんやのやすひで》

正解は、①、③、④、⑥、⑦、⑧の6人である。誤った人の答えのなかで多いのが、⑤の紀貫之（?～945）を入れてしまったパターンだ。貫之は平安時代を代表する歌人であり、勅撰和歌集『古今和歌集』の撰者の1人である。また、官人としては土佐守に任ぜられ、任期を終えて帰京したあとに記した紀行文『土佐日記』は女性のふりをした男性の日記として広く知られている。

それほど著名な歌人であれば、当然、六歌仙の1人に選ばれていると思いがちだが、実は貫之は含まれていない。その理由は、6人の名をあげたのが貫之本人だったからである。

貫之は『古今和歌集』の序文を著し、そのなかで業平や小町ら6人を批評している。その批評は辛辣で、業平を「美しさはなく、しぼんだ花の匂いみたいだ」、小町を「すごい美人らしいが、弱々しくて頼りない」、遍照を「形だけで、あまり感動が伝わってこない」とこきおろす嫌味なもの。他の3人についても同様で、彼らの実力を認めつつも批判を忘れなかったのは、結局、貫之が「私がいちばん上手」といいたかったからだろう。

誤解

天台宗は真言宗の密教を否定した

本当は……

空海が開いた真言宗の密教は「東密」とよばれ、最澄が開いた天台宗の密教は「台密」とよばれた。

日本の歴史には、武田信玄と上杉謙信、宮本武蔵と佐々木小次郎など宿敵・ライバル・双璧の関係にある2人がいる。平安時代の高僧として知られる最澄と空海も、平安仏教の双璧としてよく対で語られる。

最澄は近江国（滋賀県）の出身で、近江国分寺や比叡山で修行したあと、延暦《えんりゃく》23（804）年に遣唐使に従って唐（中国）に渡り、天台の教えを受けて翌年、帰国。天台宗を開き比叡山延暦寺（滋賀県大津市）を総本山とした。

一方の空海は讃岐国（香川県）の出身で、上京後、仏教に開眼し、延暦23年、最澄同様入唐し、長安で密教を学んだ。2年後に帰国し、高野山（和歌山県高野町）に金剛峯寺《こんごうぶじ》を創建して真言宗を開いた。

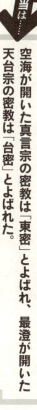

2人の経歴は一見するとよく似ているようだが、入唐時の待遇には大きな差があった。最澄の身分は還学生《げんがくしょう》であり、遣唐使の使節とともに唐に入り、使節とともに帰国した。一方の空海の身分は留学生《るがくしょう》であり、唐に渡ったあと数十年かけて基礎から学ぶのがふつうであった。最澄はキャリアのあるエリートで、空海はノンキャリアのその他大勢の1人というわけだ。

そこで、2人がめざした仏教も異なり、最澄が開いた天台宗は釈迦の教えを経典から学び修行して悟りを開こうとして、空海が開いた真言宗の秘密の呪法の伝授・習得によって悟りを開こうとする「密教」を否定した、と誤解している人もいる。

実は、最澄は唐に渡ったさい、密教が盛んなことにおどろき、あわてて密教の本義を学ぼうとしたのだ。しかし、翌年には帰国せねばならず、結局、十分に密教を学ぶことができなかった。そこで、帰国後は7歳年下の空海に教えを乞うている。

その後、承和《じょうわ》5(838)年に最澄の弟子・円仁《えんにん》が唐に渡って密教を学び、天台宗の密教は真言宗の密教である「東密《とうみつ》」に対して「台密《たいみつ》」とよばれるようになったのである。

空海に教えを乞うた最澄の姿勢は求法《ぐほう》者として称えられるべきものだったが、のちに自分の弟子が密教を学ぶために空海のもとへ行ったことが原因で、空海との関係が悪化したという。高僧でも人を憎んだり嫌ったりするのを知って、少しほっとした人もいるのではないだろうか。

誤解

鎌倉大仏は大仏殿がない「露仏」

本当は……

鎌倉大仏は、明応4（1495）年に大津波によって建物が倒壊し、以来、露仏となったが、それまでは大仏殿が存在した。

日本には2つの有名な大仏がある。1つは東大寺（奈良県奈良市）の奈良の大仏。もう1つは高徳院《こうとくいん》（神奈川県鎌倉市）の鎌倉大仏だ。正式には奈良の大仏は盧舎那仏《るしゃなぶつ》、鎌倉大仏は阿弥陀如来坐像《あみだにょらいざぞう》という。

どちらの大仏が大きいかと問われ、奈良の大仏は大仏殿のなかにあるが鎌倉大仏は大仏殿のない「露仏《ろぶつ》」なので、鎌倉大仏のほうが大きいと答える人は多い。しかし、それは誤解で、奈良の大仏の像高（台座含まず）は約15メートルあり、鎌倉大仏の約13・4メートル（台座含む）より大きいのだ。

そして、もう1つ多くの人が誤解しているのが、鎌倉大仏は創建されたときから露仏だったという説。鎌倉大仏は暦仁元《りゃくにん》（1238）年に僧・浄光の発願によって大仏殿の造営がはじまり、寛元元《かんげん》（1243）年に完成したが、このときつくられた大仏は木造だったという。

その後、宝治元《ほうじ》（1247）年に台風によって大仏も大仏殿も破壊されたため、建長《けんちょう》4（1252）年に金銅製の大仏を鋳造。これが現存する大仏で、このとき大仏殿も造営された。ところが、明応《めいおう》4（1495）年に大津波によって大仏殿が倒壊し、以来、再建されていない。

つまり、鎌倉大仏も元は大仏殿のなかに鎮座していたのだが、台風や津波によって建物が破壊されたため、露仏になったまま現在にいたっているというわけだ。

そして、いまでは、鎌倉大仏は露仏であることによって存在感が増し、風雪に耐えるその姿はありがたくもある。

高徳院の鎌倉大仏（神奈川県鎌倉市）

また、その整った顔立ちは、歌人・与謝野晶子から「かまくらや みほとけなれど釈迦《しゃか》牟尼《むに》は 美男におわす 夏木立かな」と詠まれている。

誤解

鎌倉時代は新仏教が仏教の中心

本当は……

鎌倉時代は依然として旧仏教が中心であり、浄土宗や浄土真宗・日蓮宗などの新仏教は、主流にはなっていなかった。

学校の日本史の試験でよく出題されたものに「鎌倉新仏教」がある。そのため浄土宗《じょうどしゅう》や日蓮宗《にちれんしゅう》などの宗派と開祖の名前をセットで暗記した思い出がある人も多いのではないだろうか。

平安時代末期から鎌倉時代にかけて、それまで公家や貴族がにぎっていた政治権力は武家に移り、武家政権となった。すると、仏教も貴族に受け入れられていた天台宗《てんだいしゅう》や真言宗《しんごんしゅう》などの旧仏教（顕密《けんみつ》仏教）に代わって鎌倉新仏教とよばれる新しい仏教が中心となった。

「鎌倉新仏教には、（　①　）の浄土宗・（　②　）の浄土真宗《しんしゅう》・（　③　）の時宗《じしゅう》・（　④　）の日蓮宗・（　⑤　）の臨済宗《りんざいしゅう》・（　⑥　）の曹洞宗《そうとうしゅう》などがあり、

日蓮の辻説法跡（神奈川県鎌倉市）

これらの新仏教は旧仏教の腐敗を批判し、内面の信仰を重視した。こうした新仏教の動きに刺激され、旧仏教のなかでも法相宗《ほっそう》の貞慶《じょうけい》や華厳宗《けごん》の明恵《みょうえ》は南都《なんと》仏教の復興に努め、律宗《りっしゅう》の叡尊《えいぞん》と忍性《にんしょう》は貧民や病人の救済など社会事業にも力を注いだ」

　というような記述があって、そのなかの空欄に開祖や始祖の名前を入れる問題などに見覚えがあるのではないだろうか。

　ちなみに、正解は①法然《ほうねん》、②親《しん》鸞《らん》、③一遍《いっぺん》、④日蓮、⑤栄西《ようさい》、⑥

道元《どうげん》である。

ところで、これまでは上記のような説明が鎌倉仏教に関する定説だったが、現在ではこの見方は誤解とされている。そこで、かつては日本史の教科書に「鎌倉新仏教」と見出しとして掲載されていたものが「鎌倉仏教」となり、鎌倉新仏教の用語は消えつつある。

その理由は、鎌倉時代の仏教の中心は依然として旧仏教であり、浄土宗・浄土真宗・時宗・日蓮宗・臨済宗・曹洞宗などの鎌倉新仏教は中心にはなりえなかったからだ。実は、鎌倉時代には鎌倉新仏教とよばれているもの以外にもたくさんの新しい仏教が誕生していた。しかし、それらのほとんどは室町・戦国時代に衰退し、江戸時代まで存続したのが浄土宗や浄土真宗など鎌倉新仏教とよばれたものなのだ。

従って、「法然が浄土宗を開いて発展した」というより、「のちに法然が浄土宗の開祖とされた」といったほうが史実に合う言い方なのである。

誤解

ポルトガル船が日本に初めて鉄砲を伝えた

本当は……

種子島に漂着し、鉄砲を日本に最初に伝えたのはポルトガル船ではなくポルトガル人が乗船した中国人倭寇の船だった。

戦国時代、鉄砲（火縄銃）は「種子島《たねがしま》」とよばれた。天文《てんぶん》12（1543）年、九州南方の種子島（鹿児島県）にポルトガル船が漂着し、乗船していたポルトガル商人が島主の種子島時尭《ときたか》に鉄砲を売った。このポルトガル商人が日本に最初にきたヨーロッパ人であり、日本に最初に鉄砲を伝えたというのが、これまでの通説だった。

ところが、近年、この説は誤解であるとされている。何が誤解かというと、実は、このとき種子島に漂着したのはポルトガル船ではなかったのだ。正しくは、中国人倭寇《わこう》の船だった。

倭寇については別項でも述べたように、「倭」の字がつかわれているが、その大半は日本人ではなく中国人や朝鮮人であり、種子島に漂着した船も中国人倭寇・王直《おうちょく》を首領とする船だった。

この船はシャム（タイ）から明（中国）に向かって航行しているときに暴風にあい、種子島に漂着。すると、商売熱心な王直は海岸で時堯の家臣と筆談し、時堯と面会。王直は時堯と親しくなると、乗船していたポルトガル人を紹介し、時堯は鉄砲の存在を知ることになったのだ。

つまり、日本に最初に鉄砲を伝えたのはポルトガル人であっても、漂着したのは中国人倭寇の船であり、王直の〝商い〟がなければ鉄砲の伝来はもっと遅れていたわけである。

倭寇は朝鮮半島や中国大陸沿岸の人々を襲う海賊のイメージが強いが、16世紀に活動した「後期倭寇」は密貿易を行うものが多かった。種子島の鉄砲伝来は、転んでもただでは起きない商魂たくましい倭寇・王直が、漂着してもただでは帰ろうせず鉄砲を売り込んだおかげなのだ。

誤解

江戸の町は、実際には八百八町もなかった

本当は……

江戸時代初期の江戸古町は300町余だったが、その後、再開で市街地や寺社地が編入され、約1700町になった。

時代劇や時代小説でおなじみの「大江戸八百八町《おおえどはっぴゃくやちょう》」ということばは、江戸にたくさんの町があったことを意味するものだ。

古来、日本には「八百万《やおよろず》の神」がいらっしゃったといわれるように、「八百」というのは実際に800の神様がいらしたとか、何かが800あったとかいうわけではない。八百屋の店頭に並べられている野菜や果物にしても、数えた客がいないのでわからないだけで、いつも800あるかどうか疑わしい。

そこで、江戸八百八町もおおげさにいったことばだろうと考え、実際の江戸の町には808町もなかったと思っている人が少なくない。実際、江戸時代の初期、徳川家康が江戸幕府を開いて間もないころは、江戸の町（古町《こちょう》と

いう）は300町余あったという。

そこから推量しても、せいぜい500町前後ではなかったかと思うかもしれないが、その後、江戸の町は急激に拡大し、町の数も急増している。

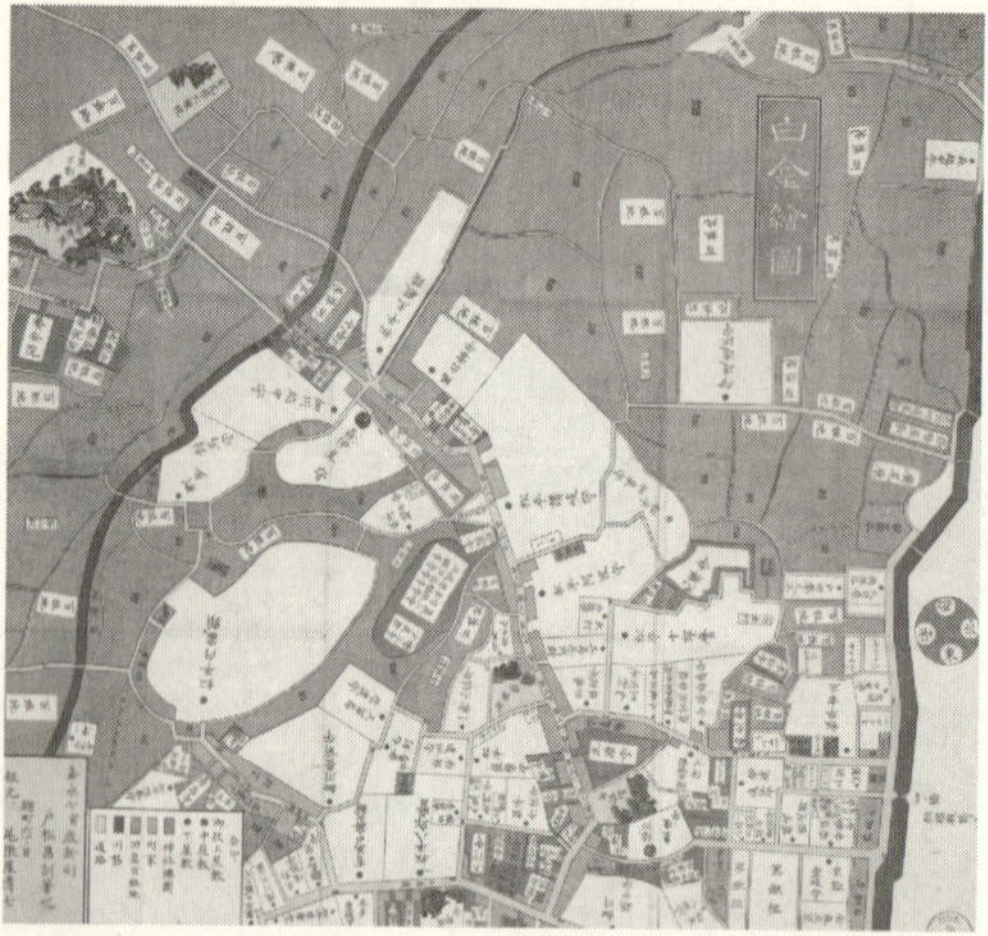

江戸時代の街並みを伝える目黒白金近辺の絵図（国立国会図書館所蔵『江戸切絵図』より）

まず、これまで何度かふれた明暦《めいれき》3（1657）年に起きた「明暦の大火」後に、街道沿いに発展した町を町奉行支配としたために町の数は670余町になっており、つづいて、正徳《しょうとく》3（1713）年、それまで代官支配の本所・深川・小石川・牛込・市ヶ谷・

四谷・赤坂・麻布などの地域のうち市街地化してきた土地を町奉行支配とし、一気に930余町となった。

さらに、享保《きょうほう》4(1719)年、延享《えんきょう》2(1745)年にも市街地や寺社門前地が町奉行支配に編入されて、町の総数は1678町にまで達し、八百八町の倍以上になっているのだ。

誤解

江戸には古くから「江戸っ子」が住んでいた

本当は……

徳川家康が江戸に入るまで、江戸には少数の農民や漁民がいただけで、江戸っ子とよばれる町人はまだ存在しなかった。

江戸時代のドラマや小説の登場人物として欠かせないのが「江戸っ子」である。江戸で生まれ、江戸で育った江戸っ子は、口が悪くて気が短いが、気前がよくて人情に厚い。時代劇に登場する人物では、〝天下のご意見番〟大《おお》久保彦左衛門《くぼひこざえもん》に可愛がられ、正義感にあふれた魚屋・一心太助《いっしんたすけ》がその典型だ。

現代の東京に住む人たちが「都民」であるように、江戸に住む町人はみんな江戸っ子なのかというと、どっこいそう簡単なものではないという。江戸っ子と称するには、いくつかの条件があるのだ。

まず、第1に、水道の水で産湯をつかった者でなければいけない。「水道の水」とは神田上水や玉川上水のことで、これらの上水をつかって生活した者であること。

第2に、宵越しの銭をもってはいけない。「江戸っ子のできそこない金を貯め」ともいわれるように、稼いだカネはその日のうちにパーッとつかってしまい、カネに執着しないこと。

第3に、喧嘩をしても根にもってはいけない。「江戸っ子は五月の鯉の吹流し、口先ばかりではらわたはなし」といわれるように、江戸っ子は気が短くて喧嘩早いが、悪態をつくわりに相手をいつまでも恨んだり根にもったりしないこと。

第4に、見栄っぱりで面倒見がよくなければいけない。女房を質に入れても旬の初鰹《はつがつお》を食べようとするくらい、どんなに貧乏していても見栄をはる。でも、隣人が食べるものに困っていれば、自分の家のご飯を全部気前よくあげてしまうほど弱きを助ける義侠心があること。

第5に、3代つづいて江戸の町に住んでいなければならない。祖父の代から江戸に住んでいなければ本物の江戸っ子とはいえないというわけで、江戸に住んでいれば誰もが江戸っ子ということではない。

というように、江戸っ子の条件というか定義は実に情緒的である。江戸の町にはこんな気むずかしい江戸っ子が古くから住んでいて、江戸近郊の在や上方《かみがた》などから江戸に入ってきた〝田舎者〟に対して、「こちとら江戸っ子だい」と威勢のいい啖呵《たんか》を切っていたと思っている人が多い。

しかし、よく考えてみると、家康が江戸に入るまで江戸は京や大坂にくらべたら、まさに田舎だったわけで、江戸の町さえできていなかったはずだ。

実際、家康の関東入国当時、江戸に住んでいたのは少数の漁師や農民であった。その後、家康に従って三河（愛知県）や駿河（静岡県）などから家臣や職人らがやってきて、また伊勢（三重県）や近江（滋賀県）などから商人や職人などもよび寄せられた。

つまり、江戸時代の初めのころの江戸の町には、古くから住んでいた漁師や農民のほか、三河や駿河などの地方からやってきた武士・商人・職人が中心で、一心太助のような江戸っ子はいなかったはずなのだ。

まして、江戸初期から3代つづいた「江戸っ子」がいるはずもなく、のちの江戸っ子のルーツは三河や上方の職人や商人なのである。また、江戸がパリやロンドンの人口をはるかに上回わる世界一の100万都市になった18世紀前半ごろでも、人口の約半分は武士であり、残りの50万人のうち八つぁん・熊さんのような江戸っ子とよばれる職人や物売りは1割程度しかいなかったといわれる。

ということで、江戸時代から江戸っ子は〝絶滅危惧種〟のような貴重な市民であり、現代の東京で江戸っ子を探すのは至難のわざである。

誤解

大家は所有する長屋に人を住まわせていた

本当は……

長屋の持ち主は地主（家主）であり、大家は地主に雇われて長屋の管理をしたり行政の仕事をしたりする管理人だった。

落語の長屋噺《ながやばなし》に登場する大家さんは口はうるさいが、熊さんや八つぁんなど店子《たなこ》のめんどうをよく見る、世話好きな大家さんが多い。「大家といえば親も同然、店子といえば子も同然」というわけで、夫婦喧嘩や冠婚葬祭、人生相談など日常生活で生じるあらゆることで店子の世話をする。

大家は長屋の入口近く、木戸口があるあたりに住んでいて、長屋の住人が門限内に帰宅するかチェックしている。みんながみんな従順な人間ではなく、熊さんや八つぁんのように門限過ぎても帰らないダメな住人もいる。

門限がくれば大家が木戸を閉めてしまうので、門限過ぎに帰った者は大家の家の戸をトントンとたたいて起こして、木戸を開けてもらう。せっかく寝ついたところをたびたび起こされたのでは、大家もたまらない。そこで、木戸の脇から大家の家の庭先を通って長屋のなかに入ってもらうようにした。

門限すぎに帰った熊さんや八つぁんは、大家を起こさないよう「下駄下げて通る大家の枕元」という具合に、静かに帰宅したという。

さて、こんなふうに店子と一緒に暮らした大家だが、その長屋の持ち主が大家だと思っているとしたら、それは誤解である。長屋の持ち主は地主、家主といって別にいた。

地主によっては長屋のような賃貸物件をいくつももっていて、その管理・店賃《たなちん》の徴収などを自分で行わず、人を雇って委託した。つまり、大家は地主に雇われ、長屋の管理を任された管理人だったのだ。

大家は家守《やもり》（屋守）ともよばれ、長屋の管理以外に、行政に協力して人別帳を作成したり、お上からの町触れを長屋の住人に伝えたりした。

いってみれば、現代の大家さんに当たるのが地主であり、マンションなどに住み込みで勤務する管理人が大家さんというわけだ。

誤解

大奥には将軍以外の男性は入れなかった

本当は……

大奥には男性の役人が詰める御広敷という詰所があったほか、奥医師や職人、老中・小普請奉行なども入ることができた。

江戸城の大奥を描いたドラマで必ずといっていいほど登場するのが、御台所《みだいどころ》や側室などが上臈《じょうろう》・御年寄《おとしより》などの高級女中をはじめ大勢の奥女中をひきつれて城内を歩くシーンだ。

まさに女ばかりの世界で、男性にとってはハーレムのようで1度は訪問してみたいと思った人も多いかもしれないが、多くは「男子禁制」といわれ、将軍以外の男性が足を踏み入れることは許されなかったという。

しかし、この定説には例外が多く、誤解であることは明らかだ。まず、2代将軍・秀忠の時代はまだ、そんなに大奥と表《おもて》の区別は厳重ではなく、男性も大奥の奥まで入っており、奥女中はよく表に出てきて老中と雑談し、将軍の正室である御台所も玄関まで出てきたという。

その後、春日局《かすがのつぼね》が大奥総取締役に任命されると、がぜん大奥への出入りは厳しくなったが、それでも大奥には、実は、男性が勤務する場所があったのだ。その場所を述べる前に、大奥について簡単に説明しておこう。

大奥とは、江戸城の本丸や西の丸などで将軍やその父・世子（世継ぎ）の妻妾が生活していた場所のこと。本丸には幕府の政治機構が置かれていた表《おもて》と将軍が日常生活を送った中奥《なかおく》があり、中奥よりさらに奥にあったから大奥というわけだ。

大奥と中奥の境は御錠口《おじょうぐち》で、大奥との間に上御鈴廊下《かみおすずのろうか》があり、将軍だけが通行できた。大奥の内部は妻妾の居室である御殿向《ごてんむき》、奥女中の居室である長局《ながつぼね》・御広敷《おひろしき》の3つに分けられたが、このうちの御広敷が男子禁制の例外の場所だった。

ここには男性の役人が詰め、大奥の事務をとったり大奥に出入りする者をチェックしたりした。もっとも、御広敷を除いた大奥を狭義の大奥とする説もあり、その場合には男子禁制ということにはなる。

しかし、大奥には他にも出入りが許された男性がいた。よく考えてみればわかることだが、大奥のなかには500～1000人もの女性が暮らしていたといわれ、当然、病人も出る。外へ出られないような病状であれば、外から医者(奥医師)をよぶしかない。ということで、医者も出入りが許された。

また、大勢の女性が日夜畳の上を行ったり来たりすれば、畳も擦り切れるし建具もいたむ。そこで、畳替えや建具の修繕のために職人も大奥に入った。

さらに、幕臣でも側用人の間部《まなべ》詮房《あきふさ》は大奥に住んだことがあった。7代将軍・家継《いえつぐ》が幼少で大奥に居住したため、保育の任にあたる必要があったからだ。老中や小普請奉行も用があれば入ることができたので、なんだかんだで、けっこう大奥には男性が入っていた。

結局、男子禁制というのはあくまでも建前だったのである。銭湯もかつては女湯といいながら「三助」は出入りが許されており、これと同じようなものといったら幕府の役人にしかられるだろうか。

誤解

日本は明治時代まで中国の暦をつかった

本当は……

日本は中国の「宣明暦」のあと、渋川春海らの活躍によって「貞享暦」や「寛政暦」「天保暦」など日本独自の暦法をつくった。

われわれが日々、なにげなくつかっている暦は「太陽暦」（陽暦）といって、太陽の黄道上の運行をもとにしたもので、明治６（１８７３）年から採用されている。それまでは「太陰太陽暦」（陰暦・旧暦）といって月の運行をもとにした「太陰暦」（純粋太陰暦）に季節変化など太陽暦などの要素を取り入れたものをつかっていた。

日本がつかっていた太陰太陽暦は唐（中国）の徐昂《じょこう》が作成した「宣明暦《せんみょうれき》」であり、日本では貞観《じょうがん》４（８６２）年から明治６年まで行われたと思っていたら、それは誤解である。

宣明暦が貞観４年から日本で行われたのは事実だが、この暦法（暦を作る規則）は実際の冬至や日食・月食などとしばしばずれていた。具体的にいうと、地球の1公転周期は365・2422日であるのに対して、宣明暦では1太陽年を365・2446日としているため、1年に0・0024日長くなってしまうのだ。

このことに気づいたのは、天文暦学者の渋川春海《しぶかわはるみ》（「しゅんかい」ともいう）であり、延宝元《えんぽう》（1673）年、春海は幕府に元（中国）の「授時暦《じゅじれき》」を採用するよう上表した。しかし、皮肉なことに、延宝3（1675）年5月の日食に春海が薦めた授時暦が合わず、逆に宣明暦が適合してしまった。このため授時暦は採用されなかった。

その後、春海は授時暦をもとに新しい暦（大和暦）を作成し、天和《てんな》3（1683）年、幕府に上表。翌年の貞享元《じょうきょう》（1684）年10月、春海の大和暦が採用されることになり、「貞享暦」と名づけられた。貞享暦は翌年から行われ、これが日本で初めて行われた国産の暦法となった。

貞享暦は宝暦《ほうりゃく》4（1754）年まで行われたが、8代将軍・徳川吉宗はこの暦法に満足せず、貞享暦に替わる新暦の作成を望み、翌年の宝暦５（１７５５）年、「宝暦暦」（宝暦甲戌元暦《ほうりゃくこうじゅつげんれき》）が採用されたが、その中味は貞享暦を凌駕するものにはならなかった。

寛政《かんせい》９（１７９７）年、「寛政暦」が完成し、翌年から天保《てんぽう》14（１８４３）年まで46年間つかわれたが、天保15（１８４４）年からは「天保暦」（天保壬《じん》寅元暦《いんげんれき》）が施行された。

天保暦は太陰太陽暦としてほぼ完全なものとされ、現在「旧暦」とよばれている暦法は、正しくは天保暦のことをさすという。この天保暦は30年間用いられ、明治６年に現在施行されている太陽暦に替っている。

ちなみに、渋川春海は幕府碁師・安井算哲の子であり、14歳のとき父のあとを継ぎ、２代算哲を称した。暦も陰暦から陽暦にとってかわられたが、囲碁の世界もいま、ＡＩ（人工知能）がとってかわろうとしている。

主要参考文献

本書の執筆にあたっては以下の文献を主に参考にさせていただきました。

『安倍晴明伝説』諏訪春雄（ちくま新書）
『井伊直虎』夏目琢史（講談社現代新書）
『家康、夏の陣に死す』小林久三（ＰＨＰビジネスライブラリー）
『偽りの大化改新』中村修也（講談社現代新書）
『江戸の名奉行』丹野顯（新人物往来社）
『江戸の町奉行』南和男（吉川弘文館）
『大岡越前守』辻達也（中公新書）
『大岡忠相』大石学（吉川弘文館）
『大奥学事始め』山本博文（日本放送出版協会）
『織田信長合戦全録』谷口克広（中公新書）
『勘定奉行　荻原重秀の生涯』村井淳志（集英社新書）
『消された政治家　菅原道真』平田耿二（文春新書）
『元禄時代と赤穂事件』大石学（角川学芸出版）
『甲陽軍鑑』吉田豊編訳（徳間書店）
『小金原を歩く』青木更吉（崙書房）
『古人往来』森銑三・小出昌洋（中公文庫）
『暦と時の事典』内田正男（雄山閣）
『辞世の人物学』多岐一雄（実務教育出版）
『島原の乱』神田千里（中公新書）
『女帝と道鏡』北山茂夫（講談社学術文庫）
『シリーズ日本近世史⑤　幕末から維新へ』藤田覚（岩波新書）
『シリーズ藩物語　水戸藩』岡村青（現代書館）
『図説大江戸　知れば知るほど』小木新造監修（実業之日本社）
『図説　戦国合戦50』小和田哲男ほか（新人物往来社）
『関ヶ原合戦』笠谷和比古（講談社学術文庫）
『戦国武将１００話』桑田忠親監修（秋田書店）
『戦争の日本史2　壬申の乱』倉本一宏（吉川弘文館）
『戦争の日本史6　源平の争乱』上杉和彦（吉川弘文館）
『戦争の日本史8　南北朝の動乱』森茂暁（吉川弘文館）
『全集日本の歴史第11巻　徳川社会のゆらぎ』倉地克直（小学館）
『大化改新』遠山美都男（中公新書）
『第五江戸時代漫筆　将軍の生活』石井良助（明石書店）

『大モンゴルの世界』杉山正明（角川選書）
『鷹と将軍』岡崎寛徳（講談社）
『忠臣蔵』野口武彦（ちくま新書）
『朝鮮通信使』仲尾宏（岩波新書）
『天下統一』藤田達生（中公新書）
『徳川吉宗』大石学（教育出版）
『謎とき本能寺の変』藤田達生（講談社現代新書）
『日本近世の歴史② 将軍権力の確立』杣田善雄（吉川弘文館）
『日本近世の歴史③ 綱吉と吉宗』深井雅海（吉川弘文館）
『日本近世の歴史④ 田沼時代』藤田覚（吉川弘文館）
『日本近世の歴史⑤ 開国前夜の世界』横山伊徳（吉川弘文館）
『日本近世の歴史⑥ 明治維新』青山忠正（吉川弘文館）
『日本史異説100選』尾崎秀樹編（秋田書店）
『日本史リブレット人49 徳川綱吉』福田千鶴（山川出版社）
『日本の時代史15 元禄の社会と文化』高埜利彦編（吉川弘文館）
『日本の中世9 モンゴル襲来の衝撃』佐伯弘次（中央公論新社）
『日本の歴史03 大王から天皇へ』熊谷公男（講談社）
『日本の歴史04 平城京と木簡の世紀』渡辺晃宏（講談社）
『日本の歴史18 開国と幕末変革』井上勝生（講談社）
『敗者の日本史1 大化改新と蘇我氏』遠山美都男（吉川弘文館）
『敗者の日本史2 奈良朝の政変と道鏡』瀧浪貞子（吉川弘文館）
『敗者の日本史9 長篠合戦と武田勝頼』平山優（吉川弘文館）
『敗者の日本史14 島原の乱とキリシタン』五野井道郎（吉川弘文館）
『敗者の日本史15 赤穂事件と四十六士』山本博文（吉川弘文館）
『秀吉神話をくつがえす』藤田達生（講談社現代新書）
『北条五代記』矢代和夫・大津雄一共（勉誠出版）
『源義経』五味文彦（岩波新書）
『源頼朝』永原慶二（岩波新書）
『山内一豊と千代』田端泰子（岩波新書）

【著者紹介】

雑学総研（ざつがくそうけん）

珍談奇談の類から、学術的に検証された知識まで、種々雑多な話題をわかりやすい形で世に発表する集団。
江戸時代に編まれた『耳袋』のごとく、はたまた松浦静山の『甲子夜話』のごとく、あらゆるジャンルを網羅すべく、日々情報収集に取り組んでいる。

著書に、ロングセラーとなっている『誰も書かなかった 日本史「その後」の謎』をはじめ、『続・誰も書かなかった 日本史「その後」の謎』『誰も書かなかった 世界史「その後」の謎』『学校で教わらなかった 日本史「その後」の謎』『なぜ犯人を「ホシ」と呼ぶのか?』『異邦人が覗いたニッポン』『大人の博識雑学1000』『雑学大王 日本史編』（以上、中経の文庫）がある。

中経の文庫
誤解だらけの日本史
2017年 2月15日　第1刷発行

著　者　雑学総研（ざつがくそうけん）
発行者　川金正法
発　行　株式会社KADOKAWA
〒102-8177 東京都千代田区富士見2-13-3
0570-002-301（カスタマーサポート・ナビダイヤル）
受付時間 9:00～17:00（土日 祝日 年末年始を除く）
http://www.kadokawa.co.jp/

DTP ニッタプリントサービス　印刷・製本 暁印刷

落丁・乱丁本はご面倒でも、下記KADOKAWA読者係にお送りください。

送料は小社負担でお取り替えいたします。

古書店で購入したものについては、お取り替えできません。

電話049-259-1100（9:00～17:00／土日、祝日、年末年始を除く）

〒354-0041 埼玉県入間郡三芳町藤久保550-1

ISBN978-4-04-601821-2　C0121